社会工作督导系列培训教材

中国社会工作教育协会社会工作督导专业委员会 编写

WEI FUWU YIXIAN SHEGONG ERLAI

13WEI SHEHUI GONGZUO DUDAOZHE DE XINLU LICHENG

为服务一线社工而来

——13位社会工作督导者的心路历程

吕新萍

主 编

中国社会出版社

国家一级出版社·全国百佳图书出版单位

图书在版编目（CIP）数据

为服务一线社工而来：13 位社会工作督导者的心路历程 / 吕新萍主编．—北京：中国社会出版社，2018.7

社会工作督导系列培训教材

ISBN 978－7－5087－6036－0

Ⅰ.①为…　Ⅱ.①吕…　Ⅲ.①社会工作—监督—文集

Ⅳ.①C916－53

中国版本图书馆 CIP 数据核字（2018）第 165704 号

书　　名： 为服务一线社工而来——13 位社会工作督导者的心路历程

主　　编： 吕新萍

出 版 人： 浦善新

终 审 人： 胡晓明

责任编辑： 杨　晖　张　杰

出版发行： 中国社会出版社　**邮政编码：** 100032

通联方式： 北京市西城区二龙路甲 33 号

电　　话： 编辑室：（010）58124815

销售部：（010）58124853

（010）58124849

网　　址： www.shcbs.com.cn

shcbs.mca.gov.cn

社工图书专营店

印刷装订： 中国电影出版社印刷厂

开　　本： 170mm×240mm　1/16

印　　张： 15

字　　数： 248 千字

版　　次： 2019 年 4 月第 1 版

印　　次： 2019 年 4 月第 1 次印刷

定　　价： 50.00 元

中国社会出版社微信公众号

社会工作督导系列培训教材
编委会

总　序

2015年李克强总理在《政府工作报告》中提出“发展”专业社会工作，这是继党的十六届六中全会提出的“建设一支宏大的社会工作人才队伍”战略部署后，中央再一次就发展专业社会工作作出明确政策安排。2016年李克强总理在《政府工作报告》中强调要“支持”专业社会工作发展，2017年和2018年李克强总理在《政府工作报告》中又提出“促进”专业社会工作的发展，这对整个社会工作发展、加强和创新社会治理都具有非常重大的意义，标志着专业社会工作发展进一步进入国家决策层面，并成为保障改善民生、加强社会建设和创新社会治理的重要手段。

社会工作督导是专业社会工作发展的重要组成部分，也是社会建设和创新社会治理的重要环节，社会工作督导队伍是社会工作人才队伍建设的关键和核心元素。2012年3月，19部门联合发布的《社会工作专业人才队伍建设中长期规划（2011—2020年）》中明确提出培养8万名社会工作督导人才的目标；2015年9月，中国社会工作联合会出台了《注册社会工作督导培训标准体系（试行）》文件。2009年至今，各省市为推动社会工作督导的发展，相继出台了近四十个相关的政策和指导意见，其中包括社会工作督导人才资质、选拔、培养、职责、使用、考核评估、薪酬津贴和认证等内容的政策，其后，广东省及其所辖的广州市、深圳市、东莞市、中山市，以及重庆市、上海市及其所辖浦东新区、南京市、浙江省安吉县等省市和地县相继出台了地方社会工作督导人才培养及专业督导标准的文件。近年，福建省及其所辖厦门市、北京市、湖南省及杭州市也都相继出台了有关社会工作专业督导人才选拔和管理办法。上述政策及指导意见的相继出台，标志着中国社会工作督导的发展已经有了国家、地方政府和行业协会的标准，社会工作督导对社会工作专业水平发展的重要作用日益得到各级政府主管部门和专业协会的重视。

在政策保障和指导下，在专业社会工作发展和创新社会治理的需求和推动下，中国社会工作督导实务有了进一步发展。首先是督导人才队伍建设的发展。2013 年社会工作师委员会启动实施“全国社会工作督导人才培养计划”，该计划以专业课程培训、实务训练、进修学习三种方式在全国重点培养见习督导、初级督导、中级督导和高校实习督导等专业人才。同时，中国社会工作教育协会也组织了全国规模的社会工作督导人才培训。地方上，深圳市自 2009 年开始建立社会工作专业督导体系，截至 2016 年 6 月底，深圳社会工作者协会培养本土督导 804 人，督导队伍已成规模。广州市委托广州社会工作协会开办社会工作督导培训班，培养了 300 多名优秀的本土督导者。截至 2014 年底，上海市浦东新区培养助理督导和初级督导 24 名，杨浦区培养督导和助理督导 22 名，静安区培养见习督导 15 名。其次是机构设置的完善。中国社会工作教育协会社会工作督导专业委员会于 2016 年 10 月 30 日成立，标志着社会工作督导教育、实务和研究有了专门的组织去推动。2016 年 11 月和 2017 年 7 月社会工作督导专业委员会分别在山东大学和首都经济贸易大学召开了关于社会工作督导的专门会议和年会，中国社会工作督导研究得到了国内外学者和督导同人的高度关注和重视，中国社会工作督导标准的制定也进入了快车道。

随着中国社会工作督导政策、人才队伍和实务的发展，中国社会工作督导的研究也在不断发展。据中国知网（CNKI）统计数字显示，自 1998 年至 2017 年，关于中国社会工作督导研究的文献有 101 篇，如果取平均值，每年的发文量仅为 6 篇，发表文章数量最多的年份是 2017 年，数量达到 15 篇。这说明，单从学术成果来看，目前我国对于社会工作督导的研究亟待加强，中国社会工作督导在政策、实务和研究等方面虽然得到了前所未有的发展，但是还存在一些问题，如社会工作督导人才队伍的实际发展与相关政策规划所制定的社会工作督导人才队伍的规模数量间还存在一定的距离，督导人才的实际能力与督导实践的发展需求间还存在一定差距，督导实践中适应中国本土所需的社会工作督导的理论知识体系还需要建构，督导培训中所需要的社会工作督导教材需要建设等。鉴于此，中国社会工作教育协会社会工作督导专业委员会与中国社会出版社合作，共同编写出版了这套中国社会工作督导系列培训教材，以回应社会工作专业发展对督导人才和实践的需要。

本套丛书共5册，包括《社会工作督导基础知识》《社会工作督导理论与方法》《为服务一线社工而来——13位社会工作督导者的心路历程》《社会工作督导实务案例分析》和《社会工作督导文件汇编》（后续出版）。丛书坚持国际性、本土性、逻辑性和系统性原则，参照借鉴国外专家学者的观点，力图体现督导理论和实务知识的国际规范，展现中国不同情境中的督导实践，体现督导理论和实务知识的情境性和特殊性。《社会工作督导基础知识》从督导理论和实务知识的逻辑性角度概括性地阐释了社会工作督导的内涵；《社会工作督导理论和方法》比较详细地阐释了社会工作督导的相关理论和方法；《为服务一线社工而来——13位社会工作督导者的心路历程》呈现了发展中的中国社会工作督导、督导实务与管理、多元化督导的发展历程，以及社会工作教育者和实务者对督导实践的探索；《社会工作督导实务案例分析》则按照价值和伦理、政策、专业性和有效性、文化能力、理论转化、专业方法和技巧、关系处理和情感支持等议题展现了督导实务案例；《社会工作督导文件汇编》将国家和地方、行业协会出台的有关督导实践和人才培养的文件按照时间顺序编排成册，供实务者使用。丛书包含的五本书是一个体系，从社会工作基础知识，到社会工作督导理论与实践的知识，再从督导者的心路历程等角度，多侧面呈现我国社会工作督导发展的过程，以期给读者以感悟、启发和行动的动力；督导实务案例是社会工作督导者实务经验的集合，是与国际社会工作督导理论和实务的对话、反思，是我国社会工作教育者和实务者的自我、自域的督导实践，从中可以发现我国社会工作督导发展的方向；最后是国家和地方有关社会工作督导人才和实务发展的文件汇编，可为社会工作研究者、教育者和实务者提供社会工作督导理论和实务发展的政策依据。我们真诚地期待“社会工作督导系列培训教材”的出版能够为社会工作的研究者、教育者、实务者及专业督导人才的培养提供本土化的社会工作督导理论和实务知识。同时，书中不可避免会存在不当之处，敬请广大社会工作教育者和实务者斧正！

本套丛书中的《社会工作督导基础知识》的主编是童敏，《社会工作督导理论和方法》和《社会工作督导文件汇编》的主编是张洪英，《为服务一线社工而来——13位社会工作督导者的心路历程》的主编是吕新萍，《社会工作督导实务案例分析》的主编是黄红、李晓凤。丛书的出版得到中国社会出版社的大力支持，感谢社会工作分社的杨晖主任、张杰副主任及全体编辑的辛勤劳动！感谢为丛书出版付出努力的所有编写者及提供案例的社会工作服务机构！感谢中国社会工作教育学会的指导和支持！

北京大学社会学系教授

中国社会工作教育协会副会长、秘书长

马凤芝

前 言

作为一个新兴的行业，社会工作在中国的起步时间不长。人们对社会工作和社会工作督导的理解和认识，社会工作督导在整个行业发展中的位置和作用，以及督导对社会工作从业者的意义和影响，也正在逐步建构当中。

本书收录了13位督导者从事社会工作督导的心路历程的文章。13位督导者分别来自我国不同的区域，南到深圳、北至沈阳；从事社会工作督导时间最长的20年，最短的5年；主要的督导经历是社会工作实习督导或社会工作机构督导，或者两者兼而有之。本书的内容主要包括每位作者对多年来从事社会工作督导经历和经验的回顾，对自己感到迷茫和困惑的问题的梳理，对使自身内心坚定和自信力量的强调等。无疑，本书可以从一个侧面帮助人们更好地认识与了解到底什么是社会工作、什么是社会工作督导，以及怎样才是一个合格甚至优秀的社会工作督导者。

本书13位作者所在的地区、服务机构、学习和工作经历等差异颇大，因而他们开展社会工作督导时的重点各有偏倚，有的侧重社会工作实务，有的侧重社会服务管理，有的两者兼而有之。当然，在他们的叙述之中，也可以发现社会工作督导者的不少共同点，比如坚守专业信念、促进行业发展，与一线社会工作者同行、不断反思成长，推动社会工作专业进步、保证专业品质等。

因为时间的关系，本书成稿仓促，书中的作者和内容仅仅包括国内众多社会工作督导者中的13位，本书所述内容是他们对自身经历的部分记录和缩影，更多优秀的社会工作督导者由于无法逐一联络，或者联络后难以赶上出版时间的要求，我们只能无奈放弃，但愿未来能有机会呈现出更多督导者的精彩生命故事。作为一线社工的陪伴者和实践者，社会工作督导者与助人自助的一线社工相惜相随，一路同行！

吕新萍

目　录

结　语　多样化的社工　多元化的督导

引言

发展中的中国社会工作督导

批判性反思：本土社会工作督导的着力点

黄耀明

在推进社会工作督导的过程中，为什么要强调批判性反思？其目的在于更进一步确保社会工作的专业服务质量，提升社会工作人才队伍的建设水平，检讨督导过程中关于服务实践涉及的权力与利益问题，创新社会工作督导过程中的知识生产，恰当地处理社会工作服务的价值与伦理挣扎和冲突问题等。

作者简介：黄耀明，闽南师范大学法学与公共管理学院副院长，教授；福建省漳州市致尚社会工作服务中心理事长；香港理工大学社会工作硕士。

社会工作督导经由人们对社会工作服务的品质质问而生，同时，社会工作服务及其相关活动的品质深受同行者或者说是背后督导能力及素养的影响。必须强调的是，社会工作所说的服务是直接或间接向困境人士、困难群体提供的物质的、精神的或生活上的帮助。与传统的慈善行为等助人活动不同，这种帮助是极具价值取向的，也是具有科学取向和实务取向的，基于社会工作极强的实务性特征，其特别强调社会工作服务必须在科学理论的指导下采取行动，实施有特定目标的服务。因此，优质的社会工作服务就是要以针对性及有效性回应服务对象的需求，社工要在督导的指导下实施能实现特定目标的专业服务。

那么，什么是社会工作督导呢？为什么需要社会工作督导呢？在日常的督导工作中，我曾碰到社工的以下困惑：

“老师，今天有一个服务对象对我好像有特别的兴趣，张开双臂一直冲着我要抱抱。我好紧张，不知如何应对？”（一个精神康复社工的求助）

“老师，我在与青少年服务对象的交往过程中，有一件事情一直挺困惑的，就是他们会找我借钱，金额虽不多，就是 30 元或 50 元不等，但我挺为难的。借，我怕他们不还或者还要继续借；不借，我又担心影响了我们的专业关系，怎么办好呢？”（一个青少年社工的困惑）

“老师，我挺喜欢社会工作这个专业的。读这个专业也是我自己填报的志愿，当初毕业的时候真是怀着满腔热情和远大理想，现在已经在机构服务快 3 年了。连续不断地承接项目、实施项目和评估项目，感觉越来越

力不从心，特别的迷茫。找不到工作的动力在哪里？自己的成长目标在哪里？”（一个机构社工的困惑）

“老师，我领办的社工机构已经四年了。回想走过的路，有艰辛、困惑、彷徨，也有感恩、收获和感动，更多的是助人和成长的喜悦。但有些事一直笼罩在心头，我们现在做的主要是承接政府购买的社会工作服务项目，这些项目绝大多数是政府部门自己圈定的，或者说是他们感兴趣的和觉得必要的，实际上这些服务对象并非是最需要帮助的群体，为了机构生存我们也只能依赖他们，甚至很多时候被动地接受他们的意图。这样的话，我们是否背离了社会工作专业服务的本质。再进一步说，如果未来有一天政府紧缩福利财政，不再购买社会工作服务，我们机构的未来堪忧呀！”（一个社工机构总干事的担忧）

上述不同社工角色的迥异困惑与疑虑大概能反映出社工在从事社会服务职业过程中关于情感、职业前景、助人技巧、行业发展、伦理价值判断及政府关系的多样性困境。实际上，在社会工作的日常服务过程中，社工、社工机构、社会工作专业的学生、社会工作专业的老师及政府相关部门碰到的社会工作服务难题议题远不止这些，还有诸如文化适应与敏感性、传统道德观念与社会工作价值、政策规定与实际操作等方面的困境更加复杂。这些困境的答疑解惑急需社会工作督导进行及时而有效的回应，督导亦是因应能协助社工胜任而有效地执行社会服务任务及确保社会工作实务的优良品质而生。

至于社会工作督导的概念，一般认为最早要追溯到20世纪初美国学者Jelfrey R. Brucket于1904年在《慈善事业中的督导和教育》一文所提及的。后来的学者不断对社会工作督导的定义、内涵、作用、目标、技巧及重要性等相关议题进行讨论和研究，最出色的当数Zilpha Smith（1929）；Robinson，Virginia（1936）；Reynold，Bertha（1942）；Towle，Charlottee（1945，1954）等学者，他们在个案工作、社会工作教学实践及专业教育入门等领域开创性地讨论了社会工作督导的重要性与作用。70年代以后，关注和研究社会工作督导领域发展及相关议题的文献越来越多，其中贡献较大的有Kadushin（1985）提出社会工作督导包括行政、教育和支持三种功能，并且这三种功能之间相互补充至今被社工界称为经典；Middleman 和 Rhodes（1985）用一个不同的框架来界定社会工作督导，他们更强调社会工作督导功能的整合性和综融性，认为社会工作督导至少包括互动功能（人性化、督导的张力、催化性）、服务输送功能（教授、职业社交、评估）和联结功能（管理、改变、倡议）三种功能。不过，学者 Brewster（1987）则不认同这样的清晰划分，其指出社会工作督导在实际操作中并不可能有这样的边界，在多数的一对一或团体督导中，督导的关系、督导和议题及目标都是相互渗透的，并不是那样的想当然。因此，讨论社会工作督导概念的过程本身就是社会工作实务不断迎接新问题和新挑战的过程，亦是社会工作专业服务不断走向优质的过程。

毋庸置疑，社会工作督导是社会工作实务发展的重要组成部分，这已经历百年时间的检验。尽管不同时代、不同区域和文化差异的关注点不同，但社会工作督导对于社会工作服务品质保证、政府认可与支持、专业地位确信、社会接受与认同等都具有极其重要的地位和作用，只是由于社会工作督导的情境性因素导致人们对社会工作督导的认知存在分歧。此类分歧基本源于20世纪20—30年代精神分析学说的强势影响，20世纪80年代管理主义强调问责和成效管理，近一二十年社会工作服务对政府的过度依附等。因此，随着越来越多的社会公众关注社会工作的实践品质、社会工作者全身心投入个人服务而忽视对社会政策面及社会公平的反思，社会工作督导的批判性反思逐渐成为社会工作界的重要呼声。在十几年的社会工作督导历程中，本人也日益觉得社会工作督导不能简单确保帮助社会工作者“回顾他们每天的工作实践和决策，规划他们的学习进程和专业成长，并且解决由工作角色带来的情绪和个人需求”，而应强调督导与社会工作者的关系建设，督导过程中的批判性反思、情绪支持和各种能力建设的推动。往更深一个层次说，社会工作督导应强调自身成长、督导过程和对受督导者工作的批判性反思。

一直有一个想法，希望能够将自己“误入”社会工作领域并乐此不疲深耕于此的教学、实践、督导与研究历程作一个抒写。回顾社工督导心路历程，实际上就是一种社会工作实践与研究的自画像。之所以这样说，是因为这个心路历程未经计划和论证，每一次督导过程、每一个实务案例、每一场伦理挣扎都各有因缘，从没有想过这个过程可以串联成线并呈现出何等清晰的社会工作督导风范及社会工作学术路线，就当聊聊家常一样地对自己所追寻的社会工作之路有一个素描版本式的交代。在十几年追寻社会工作的路上，有些事不得不说，有些人不得不提。说了，释怀！提了，感恩！

一、“误入歧途”：走进最不热门但却是最有意思的社会工作专业

2002 年，一个再普通不过的年份。闽南师范大学（原漳州师范学院）与全国众多高校一样，在扩大招生规模的洪流中不断寻求设置新的专业。对于本人所在的历史系来说，由于历史专业的基础性和长线性特征，加之受社会服务能力有限和社会大众追求热门专业及专业效益的影响，种种因素极大地限制了专业发展的空间，可谓举步维艰。在时任历史系主任韩真教授的带领下，历史系选择了社会工作专业作为新专业进行申报，并于同年获批并面向全国招生。新专业获批和新生入学自是喜悦，可扎堆的麻烦接踵而至。什么是社会工作专业？社会工作学什么？毕业之后做什么？这些在其他专业看似简单得不用解答的问题，对于系主任甚至校长来说都说不明白，对于新入学学生及家长的问询与质疑亦是“难得糊涂”。摆在面前的现实问题更多：人才培养方案制订与实施问题、师资短缺问题、实验室建设问题、实践基地建设问题以及专业建设与发展问题等都无法破解。为寻求办学突破，系主任韩真教授认为必须采用“引进来”和“走出去”的办法加强社会工作专业师资建设。请进来不易，由于学校知名度低难于吸引优秀人才，加之当时社会工作专业发展刚刚起步，师资普遍紧缺，引进社会工作专业师资实属不易。经过多方努力终于引进了两名社会学专业的本科毕业生担任社会工作专业的老师。走出去更难，一是谁愿意走出去，走出去意味着专业师资转型，当时系里老师都是历史学的专任教师，他们有较高的学历和职称，并且已在自己的学科领域深耕多年，谁也不愿

意丢掉本专业去从头开始接触鲜为人知的新专业。二是去哪里也是一个问题。确实当时也不知道哪个大学的社会工作专业办得好，愿意接受外校的教师进修。这件事一直拖到2004年，眼看社会工作专业已办两年，实验室尚未建设，如何顺利通过学士学位评估是件头痛的事。我当时在系里担任办公室主任，主要从事行政工作，也兼一些地方历史的课程教学。看着领导一筹莫展自己也很纠结，心想要不我去试试。把这一想法跟系主任一说，他二话没说当场答应，并给了我三个自己都没想到的理由，还充满禅意：你去最合适，一是年轻、转型快；二是有“慧根”，适合跟社会工作专业结缘；三是可以从行政岗位转型教学，前途更好。领导话已至此，虽是“误入”，也是机缘，只有一往无前了。

二、梦幻开局：难于忘却的“中青”社工情缘

话虽如此，对社会工作完全一无所知的我还是充满迷茫，去哪儿呢？通过咨询同事和网上查询，得知那时我国内地社会工作专业的发展很不充分，大多数高校也刚刚起步。从社会工作专业实验室建设的角度，人们认为中国青年政治学院是办得比较好的。通过几番联系与沟通，终于获得中青院的进修通知书。2004年春节刚过，我满怀对新专业、新期待的憧憬，告别尚是孩提之童的爱女，踏上北去的列车，走入中青院的大门，开始为期一个学期的进修学习。在中青院学习期间，除了现场观摩社会工作实验室的管理与实训课程之外，我如饥似渴地聆听了陈涛老师的“社会工作理论”课程、许莉娅老师的“个案工作”课程、周军老师的“小组工作”课程和其他几位中青院知名教授的课程。可以说，这是我参加高校工作近十年来第一次如此潜心地学习，每天都被社会工作的专业知识体系及助人情怀所震撼，被老师们渊博的知识和精彩的讲解所折服，被中青院师生那种浓郁的社会工作价值认同氛围所感动，同时又为短暂的学习即将结束焦虑不已。心想怎样才能更深入系统地学习社会工作专业知识和助人技巧呢？如此结束岂不可惜！真是苍天不负有心人，我遇见了社会工作，遇见

了许莉娅老师，遇见了注定今后相当长的一个时期与社会工作结缘的自己。恰逢香港理工大学与北京大学联合举办的社工专业硕士（MSW）第三期在招生，在许莉娅老师的引荐与指导下，我顺利通过了入学考试，与第三期42名同学一起开启为期三年的社会工作学习生活。

三、领我上路：被督导的督导者——“理工第三期”

缺乏社会工作专业老师，是十几年前全国举办社会工作专业高校的普遍现象。如果把当时很多由其他专业转行或兼职讲授社会工作课程的高校老师称为“山寨”社会工作老师的话，香港理工大学和北大联办的这个社会工作专业硕士课程班则一直被戏称为社工“黄埔班”（很多圈内的老师都常这么说）。

回头细想，这样的戏称因素众多，但至少有三个方面是大家认可和羡慕的：一是这个课程班的师资力量雄厚。香港理工大学和北京大学，甚至还有新加坡国立大学的师资和香港地区社会工作机构的诸多著名资深督导，连阮曾媛琪教授和王思斌教授都亲自授课。叶锦成老师、古学斌老师、朱志强老师、陈清海老师和宋陈宝莲老师都是课程的骨干教师，单是这些老师就可以随意组成一个社工“NBA”赛场的首发。二是这个课程班的第一届、第二届和第三届学生是当时国内社工界的领军人物、佼佼者和引领者，顺口说出几个名字即可威震八方：第一届的史柏年、陈涛、张和清、郭伟和、史铁尔、费梅苹、范明林、杨静、许莉娅、张洪英等；第二届的童敏、高万红、贾维周、马良、田玉荣、葛忠明、周沛、矫杨等；第三届的张曙、范燕宁、黄红、刘莹、梁志中、刘斌志、杨晶、王爱丽等，这一串串响亮的名字在中国社工界耳熟能详，还有诸多无法一一列举的学兄学姐在不同的社工领域均作出了应有的贡献。三是这个课程班的人才培养方案设计极为重视实践性教学和社工价值观内化的训练，充分突出课程教学与实习实践教学的融合，教师授课与学生专业成长的结合。从内地实习到香港实习，学生们在香港资深督导老师的亲身传授下逐渐掌握社会工作专业技巧、熟悉社会工作人才培养规律、反思社会工作专业价值伦理的现实处遇。

参加“理工班”学习，每一个学生都要历经一次2个多月的由香港督导老师亲自督导的集中式实习，实习的领域涵盖农村社会工作、企业社会工作、社区社会工作和精神健康社会工作等，我选择的是在昆明医学院附属第一医院精神科实习，督导老师是著名的列小慧老师。很多同学都说我胆子够大，实习肯定够呛：一是实习对象是精神病患者；二是香港督导列小慧老师可是名扬天下的“四大名捕”之一（后来我才知道他们把列小慧老师与叶嘉宝老师、霍小玲老师和欧羡雪老师戏称为“四大名捕”，具体原因大概就是因为她们四个比较严厉的缘故吧）。

说实在的，选择在精神科实习，表面上在同学面前装作镇定，其实确实存在焦虑、恐惧、担忧、害怕等多种复杂的畏惧心理。奇怪的是，真正到病房接触精神病人并非如此，我倒觉得她（他）们很可爱，甚至好玩。昆明医学院附属第一医院精神科已经有几年的精神社会工作介入实践经验。首先，这里云集了当时国内精神健康社会工作的几位著名导师，他们都在这里指导、实践和研究过，比如叶锦成、童敏、矫杨、梁志中、许秀峰、高万红等。其次，精神科已形成了一整套比较规范的康复治疗体系，医生、护士、社工、志愿者及家属都被融入这个体系中，社会工作的价值观及专业方法被广泛接受和认同。同时，社会工作在精神科有较为便捷的介入方法和发挥空间。最著名的当数“大组治疗”，大组治疗顾名思义就是小组治疗的扩展版。每天下午3点，病人及家属、医生及护士、志愿者就会在社工的带领下，围绕一定的治疗目标与实施方案有序地引导大组开展形式多样的活动，大家其乐融融，分不清哪个是医生、家属，哪个是精神病人。记得最清楚的是我第一次带大组，当督导列老师亲临指导时，我紧张得要命，原来设计的语言忘得精光，甚至语无伦次。好在自己还是有比较好的临场经验，很快稳定情绪进入角色，充分发挥自己在语言表达、临场控制、艺术展现等方面的优势，顺利带好第一次真正属于自己的大组活动。而后的实习可以说是顺风顺水，个案辅导不断深入、大组治疗声名鹊起，不仅和医生、护士、志愿者组成了一个和谐的工作团队，而且跟病人及家属建立了很好的专业关系。最终，我获得了实习成绩 A + 的督导老师评价。

取得这样的优异实习成绩，绝对与我的恩师、香港督导列小慧老师有关。什么是督导？督导长啥样？如何督导？自己该准备什么？会不会受批评？无数的问题与未知充斥大脑。没承想，初次见面，业内传闻的“名捕”称号的刻板印象已烟消云散。列老师是一个极为干练和极具亲和力的大姐，一位两个儿子（列老师常把他们称为“大怪”和“小怪”）的社工妈妈，一个在叙事治疗方面颇有建树的资深督导。我接受她督导的形式主要有三种：实习活动过程的现场督导、每周实习日志汇报督导及当面督导。当面督导的整个过程列老师基本面带微笑，在倾听我表达的过程中时时点头，点头中我可以感受到列老师作为一个督导给予我的鼓励与赞许。老师总是操着我似懂非懂的粤语温和地跟我交流，这一切至今仍历历在目，温暖如初。至于督导内容回想起来更是感动不已，列老师引导我要用批判性反思去看精神病患者及其家属，如服务对象是如何患病的？服务对象每年 365 天都病情发作吗？每天 24 小时都病情发作吗？为何有时会发作有时不会？谁认为他们有精神病？家人看待精神疾病的态度为何不一样？这些问题的回答涉及社工对精神疾病及精神病患者的价值判断问题，同时引导社工对家庭环境、宏观社会制度及文化敏感性的批判性反思。通过督导，我逐渐明白了督导过程对于一个社工成长和服务质量保证的重要性，掌握了督导的基本技巧和关系建立的关键点，懂得了用批判性反思的着力点去审视社会工作价值判断存在的不易被觉察的问题。这个历程可以说对于我今后作为一个督导者的形象塑造非常重要。

四、一起面对：作为社会工作专业教师的督导者

社会工作专业的教师在高校与其他教师确实不同，最大的不同是社会工作专业的教师要培养学生的社会服务情怀及专业价值观内化。实践性取向的社会服务人才培养特点决定了社会工作专业的教师不仅要传授基本的

社会工作专业的知识和技巧，更要强调引导学生勇敢且谦恭地走进社会去直面真实的服务对象和纷繁复杂的问题。回想起来，至今已和12届的学生一起面对在他们看起来极富挑战性和无限向往的专业实习。起初的督导者身份，我简单地将自己定位为一个指导者的老师角色。随着学生们反馈和求助的问题越来越具体和复杂，我发现自己必须更像是一个同行者俯身与学生一起面对他们所遇到的一切困难、挣扎与成长。

“老师，明天就要去实习点了，尽管自己已经做了很多准备，但想起要接触失能半失能的老人，感觉心里还是很忐忑，怎样才能不紧张？”

“老师，实习机构一下子将我们安排为一线社工，因为他们的社工辞职了，我们没有人带，压力很大，怎么办？”

“老师，昨天去社区入户，有个阿姨人很热情，一直问我有没有谈对象？并且跟我大谈特谈她的侄儿如何优秀，说要介绍我们认识，怎么办？”

“老师，我真的要考研，已经准备了很长时间了。但实习将耗去太多的精力和时间，我又不想随意应付，如何平衡实习和考研的矛盾呀？”

“老师，感觉社区的工作人员对我们社工挺质疑的，好像对我们的专业很不屑一顾，说我们就能做做游戏，他们也会。”

“老师，前几天我的个案辅导进行到第三次，服务对象向我倾诉了自己失去丈夫突然变故的经历，悲恸欲绝，一直哭泣，我当时有些措手不及，只是递了纸巾给她，不知能做什么，到现在我还一直回想她所说的一切，感觉心里很慌乱，怎么办？”

这些学生们遇到的麻烦、困难与挣扎只是冰山一角，但能反映出社会工作专业学生实习过程的督导是多么的重要。当学生们提出涉及情感、专业知识、服务技巧、价值判断、伦理困境、专业关系等问题的时候，你根本无法用一个普适性的标准去指导一切，而必须一人一事一策与学生一起去面对、一起讨论和反思，引导他们与自己本已恒定的价值观去对话，反思社工的助人行为是否从服务对象的根本利益出发，是否从服务对象的需求出发。

担任社会工作专业学生实习的督导具有特殊的角色与任务。在督导目标上，社会工作专业学生实习是整个人才培养方案实践环节的重要组成部分，其核心目标是完成学业，学习是整个实习环节的主要表现方式。因此，学生在实习机构的学习是摆在第一位的，而机构督导则是将服务质量放在第一位。不少机构由于人员短缺，常常忽视实习学生学习的重要性，而将学生直接安排到服务一线，又缺乏有力的督导，这种做法对社会工作专业学生的培养很不合适。应该重视实习学生学习的核心地位，让他们在经验丰富的一线社工带领下学习，在管理高效的社会工作服务机构体系中学习，在真实的社会工作服务项目运行中学习，在与服务对象互动中学习。只有这样，实习对于学生能力培养的重要性才能显现出来。在督导方式上，学生是督导老师唯一督导对象的个体存在，其不像机构督导必须面对一个服务团队。学生的实习督导基本上是一对一的督导关系，督导方式基本采用老师与单一学生的面谈、问询、网聊或其他多媒体的沟通方式进行。这种督导方式的最大优点是学生的更多更广泛的问题会被督导过程所提及，督导问题也相对比较有深度和广度。在督导角色上，由于教师身份和学分学业评价使然让督导拥有至高无上的权威地位，督导与受督导者之间的关系显得特别不平等。由于督导是一个人的权威正式地凌驾于另一个人之上而产生权力不平等的过程，所以权力及权力的管理成为督导关系的核心议题。教师身份的督导常在实习机构分配、实习任务安排、实习时间把控、实习作业递交、实习契约签署以及实习成绩评价等方面握有特权，实习学生也就自然对督导的意见言听计从。基于以上的社会工作实习督导的特殊性，其实更需社会工作督导老师批判性反思这种权力的存在与问题，要做到真正俯下身段，倾听实习学生的声音，感受他们的困难，与他们一起面对困难和成长，方能训练出优秀的社会工作服务人才。

五、一路同行：作为机构社会工作服务的督导者

关于我国社会工作机构的督导，学界讨论很多，各地实际做法也不尽相同。一种较为强烈的声音是目前各地的督导制度差异很大，加之对督导人员的要求不严谨，导致社会工作服务效果存在较明显的瑕疵。对社会工

作督导制度及队伍建设的质疑，其实本身就是社会工作本土发展的一大进步，亦是人们呼吁确保社会工作服务品质的一个重要诉求。在我国香港地区，督导队伍几乎全由社会工作服务机构有经验的资深社工担任，但仍然存在问题。主要原因是大多数督导由于职位升级而偏向从事行政管理，缺乏社会工作专业服务的实际经验，长期不从事个案、小组等服务的缺陷导致督导们在督导过程中只简单追问受督导者的工作量、服务记录及服务成效等问题，而忽视对社会工作者情感及专业上的支持，这些诟病已引起社工界的重视。与香港地区不同，内地走的是另一条路线，全国各地的督导制度建构各不相同，各具特色。就广州和深圳来说，在充分利用天时地利的情况下，采用引入香港地区资深督导的指导，本土督导队伍成长迅速，目前已基本形成香港地区督导指导、高校督导协同和机构督导成长的格局。就福建来说，刚开始是高校教师兼任机构督导占据行业主流。2014 年福建省民政厅实施了本地督导成长计划，目前已有近 40 名督导学成持证并在机构担任督导。未来应该有这样的努力方向：高校教师逐渐退出机构督导的行列回归实习督导，实施行政与专业督导分离的模式，以确保社会工作事业的良性发展。

机构督导与实习督导相比较，在角色和任务等方面同样存在特殊性。在督导目标上，机构督导的重心不是学习，而是强调社会工作服务的本质，从社会工作服务项目的策划、服务对象需求评估、资源评鉴、计划实施和服务开展、服务工作量及品质保证等方面给予专业支持，从增强信心、缓解压力、职业规划、个人婚恋等方面给予情感支持。在督导角色上，督导与受督导者一般都属于一个机构的职员，他们的督导关系比较平等，不像教师督导身份那么具有权威性。基于较为平等的关系，机构督导的角色更像是一个同行者，督导与受督导者遇见的难题可能是彼此都未曾经历过，也可能是困扰大家的常见伦理难题。在督导方式上，由于机构的社会工作服务项目常常是一个团队提供的服务，机构督导所采取的督导方式也主要以团体督导为主。团队取向与团队动力是机构督导的重要议题，跨学科跨专业团队督导亦就自然成为机构督导的重要表现。在督导内容上，机构督导的常见问题也自然比实习督导更深入、更具体和更棘手，除了一般的专业服务技巧督导外，涉及伦理挣扎、文化敏感、政策理解与执行、法律困境等难题也常被提及。

“维护服务对象利益是我们行动的核心，但我所服务的服务对象的利益与他人利益出现了很大的冲突，在他们家庭的财产分割上，我的服务对象与其家人互不相让，甚至反目成仇，怎么办?”

“我在精神健康机构从事社工服务，现在我的个案对象经过医生及社工评估已基本康复，达到可以出院在家或社区康复的标准。服务对象非常迫切要求回家，但他的母亲拒绝接他回家，担心他会伤害家人，社工要如何应对呀?”

“跟偏差青少年打交道真是不易，刚接触的时候他们就是不理你，好不容易跟他们建立了比较稳定的关系，他们竟然提出要向我借钱，数额是不大，但我担心他们借了不还、去干坏事或者老要借，如不借又担心破坏了专业关系，怎么办呢?”

“我的服务对象已结案两年了，这个服务项目也随之终结了两年，最近他的老毛病又犯了，这几天在医院里，向我求助，我想去看他，机构态度不是很支持，我要怎样处置比较好?”

“我已从事社工职业三年了，三年来我用自己的真心和专业执着服务在残疾人群体一线，有苦有乐，因为专业追求心中常有感动。最近开同学会，看着从事其他行业的同学三年大变样，收入都很高，自己却没什么变化，压力很大，想想自己是否应该重新审视社工专业了?”

凡此种种，几乎围绕着一线社工的日常服务与成长，督导和他们的社工不能无视这些问题，更不能逾越这些问题。面对这些问题，督导与社工有着相同的感受：困惑与感动同在、迷茫与坚守并存、挣扎与兴奋交织。作为督导在大声呼吁“用生命感动生命”的同时，也应静下心来聆听自己灵魂深处的声音。社工身份的多元化、社会工作服务的本地化、社会工作服务对象的个性化及各种利益诉求的平衡技巧，都是社工督导需要与社工一起同行，共同面对的。有时真想说，只有那些带有专门利他天性潜质的人才适合选择这样一个专业作为自己毕生的追求。

六、批判性反思：社会工作专业督导的着力点

为什么提出批判性反思作为社会工作专业督导的着力点？因为我一直在思考一个问题，究竟我国的社会工作是否需要共同构建一套科学的、系统的、本土的，为整个社工行业所认同和采用的价值标准和操作规范。我国社会工作经过近30年的发展，已经从原来的高校“一支独唱”变成政府、高校与社工机构“多声部合唱”的格局。社会工作服务也逐渐成为国家实现社会治理体系和治理能力现代化的重要手段之一，社会工作服务已逐渐成为解决中国社会问题和提升人民生活质量的一种方式。但是由于缺失这样一个统一的本土的可操作的价值标准与操作规范，社会工作发展的现实情况依然不容乐观，社会工作服务品质值得我们去讨论，社会工作督导的制度建设值得我们省思。没有批判性反思，社会工作服务在一些地区和领域丢掉了“社会”只剩下“工作”，偏离了社会工作的本质去追求纯技术层面的服务，社会工作督导甚至成为一种门面式的摆设，有的沦为纯粹为了应付申请项目立项、项目实施完成量及各类评估的工具。

社会工作督导强调批判性反思就是为了确保社会工作的专业服务质量，提升社会工作人才队伍的建设水平，检讨督导过程中关于服务实践涉及的权力与利益问题，创新社会工作督导过程中的知识生产，恰当地处理社会工作服务的价值与伦理挣扎和冲突问题等。

（一）批判性反思社会工作督导的督导关系问题

毋庸置疑，社会工作督导与受督导者的关系是一个核心命题。督导关系正常、良好、投缘、互敬便是优质督导质量的保证，反之则难以达到社会工作实务水平的高质量。批判性反思可以在这里为督导及受督导者提供两个非常重要的着力点：一是关于督导与受督导者双方的个人历史、专业历史及经验积淀问题。大家知道，没有人是被凭空捏造出来的，进入督导场域的双方都自然地会将自己目前的工作事务及情绪带进督导中，也自然

会带入各自的历史尤其是专业经验。这些由先前经验和对督导制度及过程的预想所塑造的内化模型，一定会在很大程度上影响督导的成效。这个着力点的反思可以让督导双方警觉督导是人与人的工作，要注意当前督导关系中被带入的个人观点及其背景。二是关于督导关系中涉及权力与压迫的议题。从书面上看，督导者对受督导者有正式的权力，而这种权力的威力几乎充斥着督导关系的所有层面。如果不深入反思这种督导威权所带来的负面影响，不仅督导的成效会被大打折扣，而且会危及社会工作的价值基础。因为权力与压迫的影响，督导者容易滋生瞎指挥的惯习，督导有时会变成机械化和官僚作风十足的活动，忽视受督导者个性化、情景化的实务经历与困境，用一般化的经验指导受督导者，而受督导者也较轻易陷入督导依赖和督导表象两极化迷局。

（二）批判性反思社会工作督导的知识生产

一般认为，社会工作高质量的督导是良好的、安全的和有创造性的实务基础，只有在支持性和对话性的学习环境中，方能对不断提升专业判断和专业技巧具有积极的促进作用。批判性反思可以推动社会工作督导过程的知识生产，只有一种充满技巧性的、弹性的和富有想象的社会工作督导才能让知识生产成为可能。受督导者会将日常遇见最新的、最富有挑战和争议、最棘手、最情景性和最个性、最复杂的实务案例带进督导场域，而督导就应该营造增权模式且采用多样式的督导方式释放受督导者的压力，双方或多方在学习、互动与讨论中创造出新的专业应对方案。社会工作督导的知识生产源于社会实践，又回归社会实践去检验。

（三）批判性反思社会工作督导的政治实践与道德实践

社会工作是充满价值的，它是一种政治实践，亦是一种道德实践，社会工作领域的很多专家学者都对此做过专门的论述。在当下具体的中国社会工作实践中，社会工作者对于实务难题的一些处置会遭遇政府、服务对象及各利益方价值与利益冲突的挑战。如对于服务对象上访表达诉求问题的处遇就涉及很强的政治实践和道德实践困境，社工基于服务对象利益至上的原则会鼓励他们合理表达诉求、维护自身合法权益，而有些地方政府就片面地认为他们购买社会工作服务的目的就是让服务对象安心生活不要生事。社工在具体的认识和界定问题、干预和处理问题的过程中都以一定的价值观为指导，在不断理解政府、服务对象自身想法的过程中通过双重或多重诠释去选择合理的助人行动。要知道，社会工作本身就是一项充满挑战和压力的职业，督导工作的复杂性与压力同样不容小觑。通过批判性反思，督导者需要协助受督导者应对和解决压力及偶发的创伤性经验，需要平衡及折中涉及政治实践和道德实践中各利益相关方的具体诉求，需要在具体的社会工作实践发展中建构本土特色的中国社会工作督导制度。

参考文献：

[1] 陈锦堂. 社会工作督导经验学习导向 [M]. 台北：巨流图书公司，2015：3－7.

[2] Jane Wonnacott. 社会工作督导 [M]. 赵环，魏雯倩，等译. 上海：华东理工大学出版社，2015：7.

第一部分

侧重实务的督导

督导：为服务一线社工而来

吕新萍

一路走来，关于督导的记忆，好似开了闸的河水，时常一幕一幕地浮现出来，并逐渐汇成我生命中一条奔涌的河流……作为一个社会工作专业的学生，我在实习中受督导的经历；作为一个社工教师，我曾督导过的学生和事件；作为一个机构督导，我遇见的每个一线社工。包括和另外两位同行一起发起成立社工督导专业委员会，其来有源、其自有因！

作者简介：吕新萍，女，1969年生于河南。现任首都经济贸易大学劳动经济学院社会工作系主任，教授，北京超越青少年社工事务所督导。中国人民大学人力资源管理本科毕业，香港理工大学社会工作硕士，中国人民大学社会学博士。曾接受过萨提亚模式转化式治疗、Everything DISC 培训师等专业培训。2004年开始社会工作实习督导，2010年开始社会工作机构督导。2012年在北京创办社会工作服务机构并担任理事长、督导，2016年联合发起并担任中国社会工作教育协会社会工作督导专业委员会副主任。

就在动笔写此篇文章的前几天，一位社会工作业内的老朋友，对我进行了激愤的责备。她说她观察我有一段时间了，发现我虎头蛇尾，而且人懒，几乎一事无成。所以，她对我很失望。我当时本能地为自己辩护，说我不是她认为的那个样子。虎头蛇尾是因为兴趣多变，而且在自己感兴趣的事情上从来都是全力以赴，所以并不懒。虽然这么说，但我依然强烈地感觉到了自己辩解时的苍白无力，我的心情也随之跌落到了谷底。记得那时，天色已晚，我疲倦地回到家中，倒头就睡。接下来的第二天，因为事情很多，就这么忙忙碌碌、麻木不仁地很快过去。等到第三天自己终于有时间安静下来独处的时候，我忍不住大哭了一场。我非常非常难过。我感觉自己本就失败的人生好像又一次遭遇了沉重的打击。

如往常一样，我开始用冰山日记整理自己低落的心情和凌乱的思绪。自从 2012 年学习了萨提亚模式以后，冰山日记成了整理自我、提升自我的利器。

我发现，自己辩解时的苍白无力来自没有满足朋友期待的愧疚，我打心里在意这位朋友，我期待能得到这位朋友的肯定和认可。朋友对社工研究很有兴趣，她期待我不只是埋头实务，也要去作一些研究。作为一名社工教师，我知道研究的重要。只是在过去的一段时间内，研究确实不是我关注的重点。而且，一些实务经历和经验我个人感觉还没有成熟到落笔总结的时候。再者，作为若干事件的亲历者，我担心自己一个人难以全面客观地把它们书写出来。事实上，基于共同的兴趣，我和另外几个朋友已经组建了一个服务研究小组，计划各展所长、合作开展社会工作研究，并逐步推出一些研究成果。当然，这些想法和情况我的这位朋友并不知情，所以，在这一点上，以她当时的了解和期待，她的确失望了。

此外，苍白无力还来自自己当时的委屈和挫败。在我们谈话的过程中，我的家庭规条适时而无声地跳出来提醒我、告诫我：和一位年长且资历老的朋友当面争辩是没有教养的表现。我应该心平气和地听老同志的教导，不要解释太多。何况，这位朋友的责备中，关心的成分不小。这种情形下，我有再多的理由都不适合讲出来，只能内心波涛汹涌、表面波澜不惊，静静倾听。

我还感受到了自己内心的孤单和孤独，因为朋友对我所作所为的不理解和不认同。原以为，这位朋友和我惺惺相惜，她应该很了解我，她可能会赞同甚至欣赏我在实务领域的种种探索和努力。没想到，这些努力和尝试反倒成了她眼里的虎头蛇尾与懒惰。

悲伤难过中，我发现自己最强烈的感受是害怕，我害怕自己一直热爱并全力以赴的事情最终没有任何的价值和意义！不过，我很快就明白，一件事情的价值和意义应该更多地由自己而非别人认定。于是，我不再害怕了。

不过，在面对这位朋友的责备时，于辩解的挫败和失落中，其实还有一丝惊喜和兴奋。我发现了自己在社会工作领域真正的兴趣所在。

为什么我会在意并跟她辩解研究的事情？因为那是我和她都认为应该做好的事情。应该做的事情通常都不是真正的兴趣所在。真正感兴趣的事情不存在应该不应该的问题，而是自觉自愿地就去做了。在苍白无力的辩解中，我竟刹那间发现，在教育、研究、服务的社会工作细分领域当中，自己最喜欢的是服务，尤其是为一线社工提供支持的督导服务。

至此，有关督导的记忆，像是开了闸的河水，就这样一幕一幕地浮现出来，并逐渐汇成我生命中一条奔涌的河流……作为一个社会工作专业的学生，我在实习中被督导的经历；作为一个社会工作专业的教师，我曾督导过的学生和事件；作为一个机构督导，我遇见的每个一线的社工。以及和另外两位同行一起发起成立社会工作督导专业委员会，其来有源、其自有因。

一、社工的专业性如何练就——被督导的经历

我走上社会工作专业的发展道路源自工作上的安排。2000年，我所在的高校开办了社会工作专业，正在攻读社会学博士的我被领导认为专业相近，于是领命筹备。事后回想自己20多年来的专业变化，从本科的人力资源管理专业、硕士的组织行为学方向，再到博士的社会学，以及后来的第二个硕士专业社会工作，也是一个不断跟随自己内心的过程，因为自己真正感兴趣的领域就是人和社会。

为了更好地了解社会工作专业，因缘际会，我于2002年申请入读香港理工大学与北京大学合办的中国社会工作硕士课程班。这是一段非常难忘的学习经历，三年的学习及其后十几年的专业经历深深地影响和改变了我。

在社会工作硕士的学习阶段，先后有三位老师做过我的实习督导，他们分别是霍小玲、杨锡聪和叶嘉宝。三位风格迥异的督导，从不同角度帮助我认识了社会工作，更使我亲身体验到了社会工作督导的功力和魅力。

（一）初识督导功力：不只是看到了表层

我的第一次专业实习是在北京市民政局所属的一家养老院。这是一所设施和理念在当时都算是全国领先的公立养老机构。我当时的实习内容是观察实习，每周五去一天，大概持续了四个月左右。香港理工大学的要求是每周提交一篇实习日志，给督导老师。

因为是第一次专业实习，我非常兴奋，也特别认真。我清楚地记得自己第一次实习日志里面写到的内容："这里的环境十分温馨，非常适合老人居住。无论是两个人的标间，还是一个人的单间，都有空调、冰箱、彩电、沙发等，房间由委托的保洁机构定时打扫，非常干净；每个楼层还有专门的会客区和厨房，方便老年人接待朋友。走道上贴的是防滑砖，电梯和楼梯都安装了木质扶手，方便老年人上下楼。2楼是专门的活动区，有

阅览室、棋牌室、健身房、舞蹈教室、书法教室等，方便老年人娱乐学习。9层是医疗护理区，老人们不出楼门就能看病拿药。每个月会有一次生日会，给当月过生日的老人集体过生日。最主要的是，这里服务部的主管几乎能叫出每一个老人的姓名，每次见到他们，都主动打招呼问候，或者搀扶他们。有一次，我和服务部主管去探访老人，她突然看到走道上有一小块水渍，立即叫来保洁员，直到把地擦干为止。原来她是怕老人不小心踩到水渍，会摔倒……”在我眼里，生活在这里的老人真的非常幸福，可以说被照顾得无微不至。

没过几天，督导霍小玲老师就回复了我的邮件。她首先表扬了我观察细致，不仅注意到设施，也关注到了提供服务的人。接下来，她提出了几个简单的问题，不仅令当时的我十分震惊，更使我至今印象深刻：“你问过老人的感受吗？他们是否和你一样觉得住在这里非常幸福？”

在我满足于甚至有些得意自己观察到的表面现象之时，霍老师的提问犹如当头棒喝，提醒我注意社会工作服务的根本在于人。服务对象，才是服务的主体和目标。设备设施的先进和齐全、提供服务的人的良好感觉，都无法替代被服务对象的真实感受和实际需要。

从此，我在实习当中把更多的时间和精力放在了和老人们的接触上，抓住各种机会，在活动室、在走廊上、在餐厅里，听他们讲自己的故事、心情，与他们聊天、闲谈。慢慢地，我发现，在表面上看起来温馨幸福生活的背后，老人们其实有很多新的需求等待专业服务的提供或满足。比如，新入住老人的人际适应，一些老人希望学电脑跟上时代的浪潮（我实习时的2003年是电脑逐渐普及的时候），还有一些老人遇到了黄昏恋要处理家庭关系问题，以及面对周围老人相继去世的哀伤辅导或死亡教育等。

人生头一次的社会工作专业实习，在我提交了一份“新入住老人适应小组计划书”以及与该院服务部负责人一起，链接了某国际企业资源筹建了一间电脑教室后，相对圆满地结束了。

但是，霍老师透过表象看真相的督导功力却深深地定格在我的脑海中。随着实习的深入，越来越多的资料不断印证着她的正确判断。那段时间，我甚至一度怀疑她是不是长了千里眼？远在香港的她，是怎么仅仅凭借一篇实习日志，就能看出北京这所经常接待各地参观团的先进养老院里所隐含的深层次需求或问题？

（二）一段懵懂的社区实习：杨老师的反思式督导

2004 年，香港的春天似乎格外漫长，我和班里的同学在这段时间完成了硕士阶段的第二次专业实习。这次的实习每周要去 2—3 天，每周必须完成一篇周记。我实习的地点是鲤鱼门社区，在这里开展服务的社工属于香港基督教家庭服务中心邻舍与地区发展部。

鲤鱼门是香港非常知名的一个海鲜食肆。每到晚上，这里的食客熙熙攘攘、摩肩接踵。一开始，我特别庆幸自己分到了这样一个实习的地方，不但可以经常吹吹海风，还有很多热闹看；而且，听说实习督导杨锡聪老师对实习作业的要求特别宽松，嘿嘿……没想到，交完第一次实习作业——“社区印象”后，我的难过日子就来了。

杨老师把我叫到他的办公室，指着我的实习作业，态度温和但语气严厉地说，他完全不知道我写的这些有什么意义。我当时就蒙了，难道我不是按照实习手册里的作业要求写的吗？我还特别认真地写了将近 3000 字呢，我对鲤鱼门社区的风土人情、地区概况的描述没有什么问题啊。杨老师语重心长地又说了半天，说实话，好多我也不是特别明白。但是，有一件事我很明白，我的实习作业必须重写。并且，不能和这次一样。他说他不想在实习作业里看到的是人人都能了解到的一般性信息，必须要有自己独立的观察与见解。于是，我就半懂半不懂地离开了。

此后，我参与了社区的长者妇女经济小组（听不太懂粤语的我表示只能算是看热闹的居多），与鲤鱼门社区的内地新移民拉家常，走遍了这个小型社区的角角落落。这时候，我才发现自己第一次的作业实在是太肤浅了。其实，在香港繁华大都市的背后，有不少像鲤鱼门这样破旧衰败的社区。因为地理位置的独特，鲤鱼门曾经见证了早年香港航海业和渔业的热闹与繁荣景象，但是，伴随着本地经济和社会的转型，鲤鱼门逐渐衰败。这里的海鲜市场虽然名满香港甚至岛外，但也不过是少数富商赚得盆满钵满，与居住此地多数居民生活状态的改善并没有太大的关系。

实习当中，我印象最深的是社区服务站里的游戏机和儿童画册，深受孩子们的喜欢。而且孩子们一放学就待在这里，经常是家长过来叫回家吃饭时才恋恋不舍地离开。因为我自己的孩子当年也不过5岁，在离家多日对孩子的思念当中，我也曾痴痴地设想过，如果有一天，我们家附近的社区服务站也有这样热闹就好了。10年后的北京，梦想竟然成真。在我督导的一个社区儿童服务项目里，社工们根据我的建议，设计了图书角和玩具屋，周边社区的孩子们经常开心地在这里玩耍。只是时光匆匆，我女儿已经长大，到了读高中的年龄，不大可能再来这样的地方看书或者娱乐。

我参与的另外一个活动叫“社区博物馆”。从事邻舍与地区发展的社工们策划了一系列的活动，向社区居民和外来游客展示鲤鱼门的历史、现状和变迁过程。这个活动包括本地区图片与视频的展映和播放，老住户的口述故事集，也有居民工作生活老物件的展示等。说实话，做完这个活动之后，我才对社区发展的内涵有了比较深入的认识和了解。社区发展不仅仅是营造表面上的繁荣（鲤鱼门主路上海鲜生意的火爆，掩盖不住背街小巷里新移民生活的窘迫），也不仅仅是服从多数人的决定（很多人可能没有意识到纳入建设规划的高速路对该区域独特历史和文化风貌的破坏），而是要在充分尊重历史、尊重少数人意愿的基础上，由居民自己协商决定最适合本社区的发展方案和发展形式。

感谢杨老师当年的严厉，没有他坚持“反思式督导”，我对社区发展的理解估计只会停留在“多数人的意见就是对的”以及“经济发展是王道”的肤浅理解上。少数人的声音也需要被听到，历史、文化对于一个区域发展的重要性丝毫不亚于经济。

（三）知识再多但没有爱是无益的：生命影响生命的督导

我遇到的第三个实习督导是叶嘉宝老师。叶老师被后面的几届同学称为“叶妈妈”。她不仅欣然接受，更常常戏称自己是一个“未婚妈妈”，虽未结婚，却有两百多个孩子。可以说，这个称呼的背后，既说明了叶老师为香港理工大学社会工作专业硕士实习工作所付出的辛苦和努力，也反映出内地历届社会工作专业学生对她作为实习协调主任和督导老师的高度认可。为了联络和督导实习，她的足迹踏遍了全国30多个省份，北到哈尔滨，南到昆明；西到乌鲁木齐，东到青岛。和不同体质、性格、生活习惯的人都打过交道，是一位经历和经验都极为丰富的督导。

在我第三阶段的专业实习中，叶老师不仅是我们小组5个同学的督导，同时还是我们班20多位同学的实习总协调，负责为每个同学联络实习机构并分配相应的实习督导。她会根据每个同学的实习意愿和曾经的实习经历，有意识地拓展同学们的实习领域和实习内容，让每位同学有机会接触不同人群的服务和相关的实习督导。我们三次的专业实习，每个实习同学的实习机构和实习内容不但差异很大，而且督导老师也很少是同一个。我猜测，这样安排的目的就是让我们这些从事社工教育的“学生”（老师），尽可能多地接触不同领域的实务和不同风格的督导，以便将其更好地应用到自己未来的专业实习教育当中。

在这次的实习分配前，我填报的实习志愿是位于北京某小区的社区服务。其实我对云南的农村社会工作实习也很感兴趣，经过第一届在那里实习过的同学以及部分老师的介绍，我差不多已经把云南少数民族村寨的实习当成了一个近乎社会工作领域里的革命圣地延安，内心充满了浪漫专业主义的向往。但是，环顾现实，因为社会工作硕士阶段的学习到处奔波，已经耽误了不少工作，并且失去了太多陪伴孩子和家人的时间，我实在不忍心把当时年仅5岁的女儿继续留在家里。再三权衡之后，我选择留在北京实习。

没想到，在第三阶段实习即将开始之际，班上有位同学临时更改了实习志愿，不知何故非常坚决地要留在北京实习。此时，叶老师陷入了两难境地。毕竟，在全国几大实习地区和实习单位的学生数量以及督导老师都已经基本到位的情况下，这样的变更无疑将影响不止一个同学和老师。得知这个情况之后，我的第一反应是，糟了，我可能无法留在北京实习了。因为，在所有留在北京实习的几个同学里面，无论从年龄、身体状况以及工作和家庭状况来看，最有可能被调配的人似乎就是我了。尽管内心不是很情愿，我还是跟叶老师表了态，如果必须要调配一个学生的话，那就算上我吧……这样的事情，从小到大，我见得多了，与其被动调整，不如主动谦让。

更加没想到的是叶老师的态度。她一口回绝，你不用动，就留在北京。这件事与你无关，这不是你该承受的后果，这是我作为实习总协调和督导老师该考虑和解决的问题。我宁愿自己多增加一些工作量，也不希望牺牲一个学生的利益。就这样，叶老师给自己多安排了一个接受督导的实习学生，保证了其他地区所有实习学生和督导队伍的稳定以及实习工作的正常进行。

这件事情，班上很多同学并不知情，可能也不觉得有什么大不了。但于我而言，这是一种莫大的关心、安慰和激励，更是一个全新的经历和经验。原来，我认为的主动谦让并不是必需的；原来，一个老师可以不必牺牲学生的利益来维护正常的教学秩序……从此，在我的心里，叶老师成了我非常敬重的老师，我从来不像其他同学那样叫她的英文名字 Eliza，我一直都称呼她叶老师！从此，我的教师生涯，多了一个维护学生的选项。无论是在学校里评奖评优或批评处分，还是在实习单位里遇到种种不公正的待遇，做他们背后的支持者，是我最基本的原则和底线。

二、深入理解社工和督导——督导实习生的二三事

（一）沟通、妥协与坚持：社工和督导的基本功

在边学习边教书的过程中，我逐渐迎来了自己的社会工作督导生涯。2003 年 11 月，我所在的首都经济贸易大学社会工作专业与北京市朝阳区老龄委正式签约，开始了本专业第一个实习基地的专业实习工作。按照协议的约定，学生们实习工作的重点是社区的老龄工作。然而，当时街道和社区的工作人员几乎没有人听说过社会工作专业，也不知道社会工作专业的学生可以干什么。差不多是在 6 年后的 2009 年，随着北京市出台相关政策，公开招考大学生社区工作者并鼓励社区工作者参加全国社会工作者职业资格考试，社会工作专业才被越来越多的社区工作人员逐渐知晓、熟悉

和了解。

但是，在“非典”刚刚过去的第二年夏天，我们学生所实习的社区，几乎无一例外地给他们安排了各种各样的非专业性工作。像资料录入、写黑板报等有点技术含量的工作还算是适合大学生的，更多的是在社区里面转悠，做一些清点井盖树木、清理杂物等轻体力劳动。这样的实习工作学生们不满意，社区也看不出社会工作专业和其他专业甚至高中生的差别。于是，我开始和学生们一起去社区，利用自己高校教师的身份，和区里、街道以及社区干部进行沟通。反复跟他们说明和解释为什么学生在社区的实习不能仅仅停留在打杂方面，而是要给他们留出专业实践的时间和空间。同时，在督导过程中做学生的思想工作，告诉他们实习初期做一些文书性或体力劳动是很重要的建立关系的必经程序。只有关系建立好了，后续才有开展专业性工作的机会和可能。这个过程，其实也是一个不断妥协和说服自己的过程。在社区工作人员和社区居民都不知道社会工作为何物，且社会工作专业的师生本身缺乏专业服务能力的情况下，真的不可能一上来就开始做个案、做小组。只能是在一些体力劳动或文书工作等小事上取得社区的信任之后，才能开始更有挑战性的专业性服务。

就这样，实习工作在一年又一年的“科普”社会工作中往前推进。一些社区干部慢慢意识到专业实习和普通实习的差别，开始给实习学生提供更多的机会和空间开展专业实践。从最开始的普通老年兴趣小组，到后来略带专业性的老年互助小组，再到后来颇具专业特质的为老服务社区支持网络的建立等，本土社会工作的专业性开始一点一滴地建立起来并逐渐被接纳。

实际上，在以后新接触的很多实习单位，我都是用类似当年的方法，亲自出面、不断沟通、反复解释。一次又一次地从零开始，一遍又一遍地“科普”，循环往复、周而复始……直到今天。虽然说多数实习合作单位都已经熟悉社工专业，也知道应该怎样更好地发挥社会工作专业实习生的作用。但是，依然会碰到第一次听说社会工作的单位或个人。于是，继续不厌其烦地进行“科普”。说实话，过程中并不是没有心灰意冷地停止过、放弃过，只是，社会工作专业本身的魅力——那种骨子里对人的尊重、关怀和温暖，让我依然坚持了下来。

（二）协同式督导：与实习生共同成长

十几年前，国内的社会工作专业的教师有很多是先上船后补票，即在没有接受过社会工作专业训练，也没有太多实务工作经验的情况下开始的社会工作教师生涯。我就是其中的一例。在经过香港理工大学社会工作硕士阶段的一轮专业实习和督导，以及承担过下一届学弟学妹实习的督导助理之后，随即开始自己独立督导学生的实习。这种情况使得我在后来的实习督导和机构督导方面不得不谦卑下来，与学生同行、与一线社工同行，在和他们一起学习和工作的过程中不断提升督导的能力和效果。这个方法让我至今受益匪浅，不但极大地拓展了我对不同社会工作实务领域的认识，也让我领略了与实习工作相关各方打交道的不同技巧和方法。

在我校社会工作专业建立的初期，除了前面提到的朝阳区老龄委的社区实习之外，当时我们并没有太多的实习资源可以利用。但是，学生们的不安分和敏锐触角极大地扩展了我们的专业领域和实习内容。我还记得2001级社工班的3位女同学，她们不知道从哪里得知慧灵的信息，并且成功地获得了在慧灵实习的机会。这样，我们学生实习的领域一下子拓展到了弱能人士服务领域。而且，通过学生们的牵线搭桥，我们由此和慧灵建立起了实习合作关系。参加过慧灵实习的其中一位同学后来留学美国，在获得华盛顿大学圣路易斯分校社会工作硕士学位之后，选择在那里继续从事本专业。我相信，慧灵的那次实习经历为她日后继续从事社工职业建立了最初的启蒙认同。

不仅如此，通过慧灵的工作人员，我们又进一步接触并联系到更多开展困难人群服务的NGO组织。因此，有那么几年，我们学生实习的地方比较集中在草根NGO，涉及劳工服务、流动儿童成长、妇女权益保护等，开展了不少具有专业性的实习实践活动。当时，北京城内几家小有名气的NGO组织几乎被我们一网打尽，每个单位每年都会接收我们一定数量的实习生。而我本人，也通过他们实习领域和实习单位的拓展，不断拓宽自己的学习领域、精练督导工作的重点。我经历了向私营服装工厂老板讨工资而身份差点穿帮的惊心时刻，知道该如何面对心机深重的老板和并非完全无辜的工人；也听到过妇女维权律师最低谷时期的抑郁心声，明白跟随内心、坚定信念无比重要；还和脆骨症孩子们一起做面包，看到了身体残疾但心灵健全的孩子们的阳光、坚强和乐观。

印象最深的一次实习督导是在2010级社会工作专业硕士班。2010级既是我校第一届也是全国第一批社会工作专业硕士学生，他们对专业知识的渴求、对新的实务领域的好奇深深地感染了我。第一届的冯珊同学可能没有想到，她在床头摆放的几本萨提亚家庭治疗书籍，在一定程度上鞭策了我在两年后走进萨提亚模式转化式治疗的专业培训班，从此开启了我对临床社会工作领域的关注，以及在督导过程中运用萨提亚模式帮助一线社工不断自我成长的基本风格。同样地，张林菁等几位同学可能也没有想到，他们那年在无意之中走进NGO组织的实习，为我此后5年甚至10年对社会工作项目评估领域的督导奠定了最初的根基。我至今都非常清楚地记得，在督导他们的时候，因为第一次从学生嘴里听到公益孵化器、项目监测等完全不了解的新名词和新事物，自己当时所产生的震撼、懵懂和好奇的感觉。于是，我开始补课，和他们一起走进NGO组织的项目点，观察他们的工作内容、实地访问工作人员，并且运用自己原有的知识框架对此进行了加工和整理，总算搞明白了他们在做什么，以及社工在其中应该怎么做等问题。

直到今天，在督导中，无论面对什么样的新问题和新情况，我并不惧怕。因为我清楚，督导并非无所不知、无所不能，只要愿意和学生一起，和一线社工一起，不断学习新的实务知识，不断丰富督导的形式和内容，督导服务一定会历久弥新。

（三）实习生的后盾：督导如何发挥社会支持

另外一段印象深刻的督导经验是曹同学的实习经历。曹同学是当时的班长，口才出众、执行能力强、善于团结和调动同学。2012年，他实习的单位是北京某社工事务所，实习内容是该事务所的一个社区停车自管项目。由于曹同学本科就是学社会工作专业的，十分看重硕士阶段的专业实习，再加上该所负责人对他们硕士身份的倚重以及完成项目后的奖励承诺，于是，曹同学和同组实习的艳同学一起，开启了疯狂加班模式，除了上课之外，其他时间基本上都是早上天不亮就出门，晚上10点多才回到学校，而且还经常写文案到深夜。就这样，奋战了两个月，两个实习生，在较短的时间内完成了专职社工都不一定能完成的项目任务，并且取得了不错的成效。然而，随着实习接近尾声，他们两个人的情绪却日渐消沉，不见了当初的热情。并且，对实习的事务所，甚至是该事务所所在的某城区产生了强烈的不满和抵触。

在前两次督导中，他们一直吞吞吐吐、遮遮掩掩、语焉不详，不愿讲太多。等到最后一次实习督导，我们开始对实习工作进行总结的时候，他们说，反正以后再也不会去那个区和那个事务所实习了，不如就说了吧。原来，他们之所以消沉是感觉该事务所的负责人利用甚至欺骗了自己的实习热情和努力。负责人眼里曾经看重的能力、曾经承诺的奖励都只是为了欺哄他们好好干项目。现在，项目结束了，负责人并没有兑现当初承诺的项目津贴和奖励，而是随便发了一点志愿者补贴打发了他们……

看着他们郁郁不乐的表情，特别是被自己所学甚至所爱的专业从业人员伤害，我实在是坐不住了。我鼓励他们去和那位负责人进行再次沟通，然后我也告诉他们我会继续跟进这件事情，直接和他们实习的事务所以及区级主管了解情况。两位实习生虽然得到了我的支持和鼓励，现场也答应我会再沟通，但他们实际上并没有那么做。他们似乎习惯了的处理方式就是忍耐、吐槽，然后远离，社会上碰到这种事情的实习学生多了，他们绝不是第一个、也不会是最后一个，绝大部分好像都是这么忍了。

我找了该事务所的督导老师和上级主管沟通此事，最后和当事的负责人进行了直截了当的对话，代表两位实习同学与其面对面地对质。也许是之前的沟通存在问题，也许是该负责人受到了来自上级及督导老师的压力，总之，最后的结果是圆满的。事务所负责人主动联络了曹同学和艳同学，并按照最初的约定兑现了当初承诺的项目津贴和奖励。只是，该事务所自此被另眼相看，很长一段时间消失在我们实习的合作单位中。

此外，曹同学毕业那年，获得了学校优秀硕士论文奖。他的论文以此次实习经历为主，同时对其他同学的实习乃至当时实习的种种乱象进行了深入的剖析和探讨。立意较新、理论扎实、文笔优美使他的论文荣获了学校的年度优秀硕士论文。但是，所有这些鼓励、问题解决、优秀论文奖等，都没能把这位优秀的曹同学挽留在他学习了 6 年的社会工作专业。毕业后，他选择了人力资源工作，职业发展得不错，目前在一家世界 500 强企业就职。

曹同学的实习经历一直是我心中挥之不去的遗憾和惋惜。作为他的督导老师，尽管我做了自己该做的事情，坚定地支持并协助他维护了自己的实习权益，并且也取得了看起来还不错的结果，但他最终还是离开了这个行业。曹同学没有选择社会工作专业，或许还有其他考虑。但是，我总是忍不住地想，如果在社工事务所的专业实习经验是积极正面的，他会不会考虑留在这个行业？像他这样能以非专业身份进入世界 500 强、自身能力和潜质俱佳的人，如果能够留在社会工作行业，未来肯定有希望成为行业领军人物，不断为行业发展添砖加瓦。

由此，我想到了社工和督导所面对的这个处在快速发展但依然不成熟的行业。无论是高校、政府，还是社会工作服务机构，我们其实都在同一个专业共同体之中。无论身在何处，但愿我们都能成为社会工作行业发展的助力和支持者，更多地促进社会工作者的专业认同和职业发展。

三、服务质量的保障——社工机构中的督导经历

2009 年，我所在的城市——北京，成立了第一家社工机构。此后几年，社工机构如雨后春笋般地涌现出来。截止到 2017 年底，据北京市社工委、社会办的统计，已经有 400 多家社工机构活跃在北京各个区域和不同的服务领域。从 2004 年对草根 NGO 的学生实习督导开始，到参与北京市第一批社工机构的督导工作，再到自己亲自参与创办社工机构并提供督导服务，我对一线社工的督导也走过了 13 年的历程。其中，对于社工机构的督导有七年多的时间。督导的社工服务领域既有直接服务，如流动青年成

长、无家可归者关怀、高风险青少年帮教等，也有间接服务，如社区发展、项目评估等。这一段经历使我对社会工作督导在社会工作服务当中的角色与作用有了更加深入的认识和个人的切身体会。

（一）“浸入式”督导：亲历一线社工服务

在七年多针对一线社工的督导经历当中，我花费时间和精力最多的督导形式是面对面的团体督导，即和社工们一起分析他们在服务当中遇到的问题和困境，鼓励和支持他们克服困难往前走，不断提升自身的专业服务水平。但是，这并不代表我仅仅只是办公室督导。恰恰相反，在多数新开的社工服务初期，我经常身临现场，和社工一起走访服务对象、合作伙伴和社区，开展需求调查，甚至亲力亲为，直接进行服务。因为社工服务在中国是一个新生事物，很多领域的服务都是全新的，自己不亲自进入到服务场景中，不了解服务的主要环节和内容，而是仰仗所谓的教师身份、理论背景，简单地对社工指手画脚，我觉得既是对服务对象和社工的不负责任，更是不专业不敬业的表现。

以我曾经督导的流浪人员外展救助服务项目为例。类似的社工服务在2013年的北京差不多算是第一次开展，几乎没有人知道这类服务应该怎么做。我对这项服务的了解也只是停留在10年前我在香港学习时的一次实习经历。于是，我找到了当年实习机构的网站，详细了解了一下他们的服务内容和服务形式。当然，这只是一个非常初步的服务框架，如果要满足北京地区服务对象和资助方的需求，我们还要做得更多。

因此，我和机构的社工、志愿者一起，在无数个寒冷的冬夜，走遍了服务区域内流浪人员经常落脚的地下通道、立交桥涵洞、车站广场等地。和流浪人员交谈，询问他们的需求，帮助他们去往救助站或者附近24小时营业的快餐店。我也和社工一起参加民政、公安、街道等召开的联合救助协调会，了解相关政策和工作要求。此外，我还参加志愿者招募的宣讲培训会，针对他们关心的问题，从理论到实践地分析流浪人员救助的社会价值和意义。其中，最有成就感的一件事是2013年的腊月二十七，在西三环六里桥的立交桥涵洞里，我用自己的眼睛发现了一个救助对象，并和社工、志愿者一起，成功地劝说他到附近的 KFC 过夜，然后请 KFC 的店员帮忙在第二天一早提醒他坐上了返乡的长途汽车。

这样，经过一个冬天的努力，我对流浪人员外展救助的服务框架、服务内容、服务形式，乃至政策背景、制度需求、跨部门合作、志愿者管理等社工服务涉及的全过程有了十分清楚的认识。这为我此后开展该项服务的社会工作专业督导打下了非常坚实的实务工作基础，再加上自己本身所具有的理论基础，使我能够在督导过程中对社工遇到的实务问题提出更贴近实际需求的意见和更具专业性的建议。

同样地，我也借此形成了个人更有针对性和更富成效的"浸入式"督导风格。即当我开始接触一个较新的社会工作服务领域，或者面对一个较新的服务内容时，我一定会花时间实地走访社工开展服务的环境或场景，获得第一手的身临其境的真实感受和体验，以便更好地理解社工的处境和情景，为其提供更具针对性、更贴近社工需求的督导意见和建议。

（二）"支持性"督导：推动社工成长

虽然几乎所有专业的毕业生踏入工作岗位后，都有可能在一定程度上遇到理论与实践衔接的问题，但是，基于社会工作在中国的发展背景和阶段性，社会工作专业毕业生所遇到的衔接问题似乎更加明显和巨大。

目前，北京和全国各地的社会工作服务基本上是随着政府购买服务的推进而不断拓展的。一方面，社工进入了很多全新的领域开疆拓土，逐步建立起跨专业合作团队中属于社会工作专业的自身价值，如司法社会工作、医务社会工作、学校社会工作、精神健康社会工作等；另一方面，社工进入了一些传统的福利服务领域，正在逐步替代或取代原有的非专业服务理念、内容与形式，如儿童福利、养老服务、社会救助、社区工作等。这两个方面的专业发展趋势与现实，无疑对社工本身的开拓性和创新性角色提出了巨大的需求和挑战。

然而，由于种种原因，在当前的社会工作教育中，多数高校专业培养方案和课程体系设置所提供的训练重点却是社工作为一个服务提供者所需要的知识和能力，而对社工作为一个服务开拓者和创新者所需要的知识和能力的训练则十分欠缺。因此，当一个学校毕业的社工进入到实务工作场景中之后，他们所遇到的理论与实践鸿沟是相当巨大的，个人需要进行的角色转换和能力再训练任务也是十分艰巨的。无疑，这对机构督导提出了更高的要求。督导需要鼓励、支持和协助刚刚进入实务工作场景的一线社工不仅仅承担服务提供者的角色，更要具备开拓者和创新者的勇气、智慧和能力，这样才能更好地发挥和体现出与当前专业发展阶段相适应的社会工作价值与作用。

以北京的社区社会工作为例，经过多年的社会福利社会化以及社区建设工作的推进，不同社群的政策和福利保障等正式社会支持体系在社区层面已经相对健全。但是，除了少数热心人士以外，多数社区居民对社区工作的参与度、认同感和归属感始终徘徊不前，社区层面的邻里互助、志愿服务等非正式社会支持体系几乎荡然无存或者极其微弱。这种情况远远无法满足改革开放以后由于单位制衰落、家庭结构转型所带来的对社区非正式社会支持体系的巨大需求。因此，社工在当前社区社会工作中的一个重要角色就是发动群众，协助居民组建满足社区需求的各类自助、互助和公益志愿服务组织，从而构建或发展社区非正式社会支持体系。

这样的社会工作服务本身就是全新的、开拓性的，社工需要在现有的社区工作体系之外寻找、界定自己的角色与工作内容，看见社区内隐而未现的需求，创造性地开展工作。这样的角色以及相应的知识、能力要求，不只对社工更是对督导提出了很高的要求。督导不仅要梳理社区工作的前后脉络，和一线社工一起找到专业社会工作在社区的努力方向和服务重点；还要洞察每位一线社工的特质特点，帮助他们扬长避短、富有成效地开展工作。

这样的例子并非强调离开督导的社工服务完全没法做，而是想说，有了督导的社工，可以成长得更快；开展服务试错的成本更低，服务的质量更有保障。没有督导的社工，经过长时间的摸索和积累，慢慢也可以成长为经验丰富的社工。但是，有很多服务的开展一旦错失机会可能就需要等待很长的时间。服务对象和资源提供方很难给予社工多次试错的机会或等待社工慢慢地成长。

即便如此，每位社工的成长依然是一条漫长的路，督导需要更加耐心。

（三）“成长性”督导：未完成的旅程

社工是“生命影响生命”的助人职业，即用自己的认知、情感和生命状态去影响服务对象的认知、情感和生命状态。社工本人对自己生命状态的觉察、认识和成长性，是影响社工服务质量的重要因素。同样，督导对自身情绪、观念、期待、渴望等的觉察和反思，也深深地影响着社工对自我和专业的认知与成长。因此，督导需要及时捕捉和了解自身和社工的情绪、情感等心理状态和内在需求，并借助合适的契机，推动社工进行自我觉察、反思和不断成长，从而可以更好地开展服务。

在不止一次青少年社会工作的督导中，我明显地感觉到了社工遇到的自我觉察和成长需求。借用萨提亚模式的冰山隐喻，社工可以觉察和成长的需求有感受、观念、期待和渴望等不同层面。

以高风险青少年帮教的某小组社会工作为例。考虑到冬季天冷不太适合户外活动，这一期的小组工作以室内手工制作类活动为主，有时候做烘焙，有时候做木工，旨在通过一个又一个顺利达成目标的小活动提升这组青少年的自我效能感。其中有一次木工活动的难度略高，当期达成目标的组员只有少数两三个。于是，社工迅速在下一期活动中降低了难度，这样，每一个组员都能在活动结束时顺利完成制作任务。督导过程中，社工讲到了自己的担心，他说因为这些青少年长期处于挫败当中，他们已经不能再次体验失败的感觉了，那样会摧毁他们的意志，所以他建议每次的活动设计尽可能要保证每个人都能“成功”。而我则认为，社工可以通过一次所谓“失败”的经历，引导青少年去界定到底什么是成功、什么是失败；以及在“失败”的经历中，我们能收获或者学习什么。对于这个问题的讨论持续了一小段时间之后，我突然发现自己陷入了和社工的拉锯式观点争论当中。

意识到这个问题后，我立即停了下来。每个争执不下的观点背后都有当事人自己的切身经历和体验在里面，很难讲谁对谁错的问题。而我此时此刻真正需要了解的是社工到底曾经经历过什么，他对“失败”的感受是什么，他的期待以及内在的渴望又是什么？督导只有帮助社工本人把自己隐而未现的内在心路历程清晰地呈现出来，社工才能更好地去面对和解决当下所遇到的种种问题。

另外一个例子是社工如何处理和政府部门及服务对象的关系。目前社工机构承接的多数是政府购买服务项目，在开展具体的服务过程中，社工难免会遇到关系方面的伦理困境。到底应该回应或满足服务对象还是资源提供方的需求？为了很好地提供服务，他们需要回应服务对象的需求；而为了获得继续把服务开展下去的资源，他们又需要尽可能地满足资源提供方——政府部门的需求。这个问题表面上是一个工作关系或专业关系的问题，其实也是一个社工需要面对和处理的个人关系议题和成长问题。因此，在针对这个问题的督导过程中，我会帮助一线社工回顾自己曾经经历过的相似关系议题，让他去到那个相似的关系情境中，看到自己真正的担心、顾虑或害怕，他对这种关系的看法，以及他自己想要的结果。经过这样一番推演和分析之后，社工通常就比较清楚自己在当下的情境中该如何更好地平衡两者的关系了。

作为督导，我能较好地处理上述两个例子中社工所遇到的问题，首先在于我个人曾经处理过类似的自我觉察和成长问题。然而，我的自我觉察和成长之旅远未完成，更是碰到过自己暂时无法处理的督导问题。因此，督导的成长也是一直在路上……

督导：社工的同行者和陪伴者

童　敏

从2003年开始带社工学生进行实习督导，到现在探索“协同式督导”，虽然其间自己督导的位置和身份发生了几次变化，但内心的想法却一直没有改变过：如果督导是社工的同行者和陪伴者，我愿意做这样的督导。

作者简介：童敏，厦门大学公共事务学院社会学与社会工作系教授，博士生导师，厦门全国社会工作专业实习基地建设项目主要负责人，中国社会工作教育协会副秘书长、中国社会工作学会常务理事、民政部社会工作特约专家、福建省社会工作联合会副会长、福建省民政厅和厦门市湖里区社会工作专业督导。长期从事社会工作的实务和研究，发表社会工作方面的中文学术论文近百篇，国际英文论文数篇，论著多部；主持和完成了教育部人文社科、民政部以及横向的社会工作课题多项。主要研究领域包括：精神健康社会工作、健康照顾社会工作、社会工作督导、社会工作理论、社会工作服务的专业化和本土化以及中国文化与社会工作。

2011年12月，我在云南昆明开会期间得到厦门市第一次政府购买社工项目合同签约的消息，就急匆匆从昆明赶回厦门，来到了厦门市湖里区政府办公大楼会议室，见证了厦门第一个政府购买项目合同的签署，厦门有了第一家社工机构，有了第一个社工项目——居家养老。项目怎么做？机构社工遇到了难题，于是找到了她的老师。这样，我也就从教室里的“讲师”变成为实务领域的“督导”。

一、实习督导

如何成为督导的？真是很难说，只记得读了香港理工大学与北京大学合办的MSW硕士班之后，觉得自己有责任为学生做点事。2003年，我开始带着学生创办厦门全国社会工作实践示范基地，选择了厦门市湖里区康乐社区。这样，也就自然成为学生在实务场景中学习社会工作的实习督导。当时，国内有专业实习基地的学校不多，对专业实习的要求也知之甚少。于是，我就把香港理工大学MSW硕士班上学到的实习教学内容直接拿过来用。对于我来说，当时最困难的不是如何在实习中指导学生，因为自己毕竟做过几年的心理咨询，实务经验比学生丰富，而是当时的学校专业实习的安排是半年的。完成了半年的实习指导任务之后，实习就结束了，必须要等半年之后才可以开始下一个半年的实习。这种实习半年停半年的做法，特别影响实习的效果以及与实习单位的合作。

为了填补这个半年的实习空缺，我和研究生一起开始在学校里招募学生志愿者，由他们作为实习生继续之前的专业实习任务。作为吸引志愿者的条件，答应为他们批改实习记录和提供每周现场的"面对面"督导。当时觉得不会有太多的人感兴趣，因为要求每周见服务对象一次，没想到报名的人很多。经过筛选，每次确定10名左右的志愿者。志愿者的督导比实习生困难，除了一些志愿者缺乏基础知识之外，他们的能力和水平差距很大。于是，每一次的督导就需要根据志愿者自身的兴趣爱好、能力和投入度等情况安排不同的内容，而不能生硬地按照专业实习的要求指导志愿者。这样坚持了三年，这三年的督导经历让我记忆犹新。志愿者提出的很多反馈和意见"颠覆"了我的很多看法。

记得有一次，一位志愿者第一次入户回来就找到我，质问我："我是来学习心理辅导技术的，现在的服务安排把我们当成了义务家教。"这是我第一次发现，社会工作专业服务需要有生活的基础，书本上的社会工作专业服务技术需要改造，才可能运用到现实的生活中。自此，我才开始关注社会工作与心理辅导的差别，心里有了一个计划，把这种生活中开展的个案服务的规律总结出来让它成为社会工作专业学生的指导。[①] 还有一次，一位志愿者在第四次入户服务之后找到我，问我："为什么前三次孩子的进步非常明显，但第四次孩子不愿意再按照计划做了？"于是，我与他一起对前三次的服务计划和过程进行了整理，让他看到，前三次的服务一直要求孩子按照计划执行，却忽视了孩子自己生活的其他安排。这样，孩子就需要逐渐放弃自己的一些兴趣爱好，迎合志愿者提出的要求。三次之后，孩子的"本性"就会出现。这也说明，改变需要有一个整体的视角，不能只聚焦在需要改变的"问题"上，还要了解"问题"之外的生活安排。

在实习督导中最大的张力来自与学生的沟通交流，如果说实习过程记

---

① 2008年出版了这段经历的总结《社会工作实务基础：专业服务技巧的整合与运用》。

录的批改只是教学之外的“额外”工作，累的是身体，而督导中与学生的交流则常常涉及伦理价值的冲突。记得有一位实习的社会工作者，刚走进一户家庭就被孩子的遭遇感动了，孩子的父亲因吸毒被判刑，母亲离家出走，现在孩子与奶奶相依为命，奶奶讲了孩子的遭遇后，希望实习生能够帮助她到药店买些药。实习生毫不犹豫地答应了，和我讲述的时候还流着眼泪。尽管我小心地提醒她，要注意自己的专业身份，但对于已经陷入感动之中的学生来说，显然很难起作用。从情感上来讲，我很能理解学生的这种做法，毕竟自己也是这样从学生走过来的；但从专业上而言，我需要时刻提醒自己，需要适当分清自己的专业任务。这种直接走进服务对象家庭的服务还经常面临被拒绝的风险，这样的打击别说刚开始实习的学生，就像我自己这样已经做过多年社会工作专业的老师，心里也会纠结一段时间。为了化解实习生的这些困扰，我慢慢开始寻找针对这种困境的解决方式，如寻找最愿意合作的对象开始服务、从最容易开展服务的场所开始工作，如果对方拒绝，可以把服务的电话留给对方，不做勉强的服务等。正是在这样的处境中，让我慢慢思索中国本土社会工作的专业处境及其督导位置。①

二、社区督导

2009 年，厦门市湖里区作为全国第一批社会工作人才队伍建设试点单位接受考察和评估。我们在厦门市湖里区的社工服务有幸成为“亮点”，列入了湖里区试点工作的内容。厦门市湖里区开始在社区推行社会工作服务，每年举行一次社区社工项目的评比。这样，我的督导工作也从学生专业实习的指导转变成社区社会工作服务项目的指导。尽管之前也在社区开展过一些服务，但是那时的工作重点是建立社会工作专业实习的教学基地，让学生有一个把课堂上学到的理论运用到实践中去的机会。此时的任

① 2006 年在《社会》杂志上发表了《中国本土社会工作的专业实践处境及其督导的基本角色》一文。

务不同了，是把社会工作服务与社区建设结合起来。

这样的转变在实际服务中遇到了极大的挑战，首先发现虽然社区很多工作与社会工作有联系，甚至很相似，像贫困家庭帮扶、家庭和社区调解等，但实际上，社区关注的和社会工作不一样，它们强调给予居民直接的救济和救助，这样“立竿见影”；其次，社区在活动中始终注重不同居民人群之间的服务平衡，不希望因为专注少数社区居民的服务引发社区居民之间的矛盾。当然，最让社工头疼的，是社区关注的焦点会随着政府的要求不时地变化，工作做得越好的社区，变化的速度越快，需要不停地完成上面布置下来的任务。

说实话，开始时，不仅学生适应不了，作为督导老师的我也觉得社区太“行政化”，有时很难找到需要开展的服务，专业实习中掺杂的是一些行政任务，让学生觉得没有多少专业实习的意义；有时已经预先安排好的服务活动也会因为社区任务的变化而取消，学生忙碌好一阵子的实习没有任何结果，心情也就会变得非常沮丧。正是在这样“左右为难”的处境中，我和学生一起慢慢找到了应对的办法。我们舍弃了之前专业实习的安排方式，在实习之前首先与社区主管沟通，确定社区这一年度需要举办的大型活动，明确大型活动中社会工作专业的学生需要负责和完成的任务。这样，专业实习就有了活动的场地、活动参与的人员和活动的基本内容。在此基础上，再安排个案和小组，这样就能够把个案和小组与社区的大型活动结合起来。我们曾经和社区一起举办过社区重阳节的老人才艺比赛，让社区的老人“走出来”，交更多的朋友，建立更多的互助支持。实习社工刚开始实习，就应明确需要策划和协助社区举办这场重阳节的大型活动，围绕着这场活动，实习社工就开始着手入户工作，发掘有才艺的老人，对一些重点老人开展必要的辅导。等确定好了有才艺的老人之后，再邀请社区活动中的老人积极分子作为志愿者，作一些简单的小组培训之后，由他们协助社工和社区完成重阳节的大型活动。

为此，我们建立了“社区—高校”协同的服务例会和督导机制，每周二下午社区的主管和我把社区的相关工作人员和实习社工召集在一起，落实和督导服务活动安排，跟进活动的进程。在每周的见面会上，双方明确活动的方案，确定各自的分工，指导工作的落实，协调服务活动的安排，实现社区建设和社会工作服务的真正结合。

在社区开展社会工作专业服务的这段经历让我感受到，之前的社会工作服务只局限于高校教育中的社会工作，缺乏扎根的社会基础，而这个重要基础就是社区。虽然高校教育中的社区与我们生活中的社区同名，但是实际上，两者存在巨大差别。生活中的社区与行政管理有着千丝万缕的联系，不仅把管理视为日常工作的基础，而且存在多头管理的现象，有许多不同的部门负责，包括文明办、综治办、卫生计生委、关工委等，民政只是其中的一个部门。这与社会工作强调服务、关注服务的专业性，形成鲜明的对比。显然，想要把社会工作这种专业服务融入社区这种强调多头管理的制度框架，是一件很不容易的事，需要双方相互理解各自的差别和联系。这段经历给我另一个很深的印象是，在本土开展社会工作服务，需要采取项目这种方式。这种方式除了能够把政府购买的意愿转化为具体的服务方式之外，还能够协调社区管理和社会工作服务之间的平衡，将社会工作服务深深扎根于社区的日常管理和服务中。自此，我才明白，在中国本土开展社会工作专业服务，首先需要掌握的技术不是个案，不是小组，也不是社区活动，而是社会工作服务项目。只有借助项目，才能把社会工作服务融入社区，而且才能够把个案、小组和社区活动整合起来。①

三、机构督导

厦门的机构社工是从 2011 年开始出现的，从这一年起我也逐渐从社区督导转变成机构督导。印象很深的是，那一年我指导的是居家养老项目。第一个社工项目的计划书，连续改了 6 稿，最后确定为“社区家庭病房”，让医生、护理员和社工组成多专业工作团队，主动走进失智、失能老人的家庭，开展医疗、护理和社会工作三者相结合的综合服务。之所以选择这

---

① 从 2012 年到 2016 年期间，我围绕社会工作者服务项目对探索中的一些服务经验进行梳理，发表了一系列有关服务项目的文章。

样的定位，是觉得社会工作服务的未来发展方向应该是多专业综合服务，特别是老人服务领域，这一要求表现得更为突出。于是，我想探索多专业社会工作综合服务模式。

其实，选择一家养老服务机构作为重点督导跟进的机构，也是经历了一番思考和挣扎的，因为之前自己从来没有触碰过养老服务，真的可以叫“一无所知”，而且还需要与医生和护理员打交道，没有什么经验，但是目前养老服务是社会关注的焦点之一，只有让社会工作走进像养老服务这样的社会热点问题，才有可能借此推动社会工作者的发展。从此，自己就一头扎进养老服务中，探索养老社会工作服务的方式。后来厦门社会工作推进的事实也证实了自己之前的猜想，正是借助自己所带队的养老社会工作服务的影响，三年之后，厦门的社会工作服务扩展到了青少年服务、残疾人服务、社区服务、外来工服务等，并且每年不断向外延伸。

带领这样一支养老社会工作团队，需要指导的不仅是刚从学校毕业的社工，还有多专业团队中的医生和护理员。为此，我利用自己的暑期时间，主讲了第一届医生、护理员和社工的多专业培训班的课程，总共8周，让多专业团队一起学习社会工作的基础知识和技巧以及医务和护理的基础知识和技巧。这是第一次正式地从多专业的视角来重新审视社会工作，发现在这样的多专业团队的督导中，社会工作知识和技巧的讲解和示范需要简洁、实用，不仅需要让社工听明白，能够掌握，也需要让护理员和医生了解，掌握它的基本逻辑。

让社会工作“瘦身”，变得简洁、实用，并不是一件容易做到的事。正是在与医生和护理员的反复交流和沟通中，我逐渐看清楚社会工作过程中不少的服务逻辑缺乏清晰的思路和简洁的表述。例如，医生和护理员经常说起的一件事，就是社工做的需求评估，不仅很长，主观描述的文字很多，而且每个人写得都不一样，没有清晰一致的统一规范。还有像服务方案和服务方法的介绍，偏向概念，缺乏清晰一致而且可行的操作步骤。因此，在多专业团队服务的督导中，简洁和实用就成了督导的基本要求。

在这种多专业的服务合作中，社工经常提出的一个问题是，社工到底可以做什么，其界限在哪里，如何与医生和护理员分工合作。就拿用药来说，医生可以根据服务对象的病症开药并提供用药指导，护理员可以结合服务对象的病症提供护理方面的服务，社工可以做什么？社工可以根据医生开具的用药帮助服务对象落实到日常生活的安排中，包括服务对象是否理解医嘱的要求、能否合理安排服药的时间、是否知道药物的副作用、是否能够及时复诊，如果遇到经济或者人力上的困难，需要做什么协助等。这样，社工平时所强调的心理调适和社会支持的功能，就能够运用到养老服务中，与医生和护理员配合，一起帮助服务对象应对生活中的困难。

这段多专业综合服务的经历让我有两个很深的体会：一是社会工作服务要落地需要做到两个结合，即制度的结合和专业的结合。制度的结合，让社会工作有了生存的社会空间，社区就是社会工作服务首先需要学习和接纳的基层治理的制度平台；专业的结合，让社会工作有了生存的专业空间，多专业结合就是社会工作服务深入开展必然需要面对的基本处境。对于社工来说，多专业结合首先表现在需要的评估上。医生和护理员在评估时常常采取的是类型分析的方式，如根据服务对象的病症治疗和身体护理要求而开展评估，是一种个人或者群体静态状况的考察，社会工作的心理社会评估就不同了，它是一种人与人之间相互关联的考察，偏向动态的分析。从表面上看，社会工作与其他专业的需求评估只是一种内容层面上的差异，实际上，根本的是理解视角上的不同。二是社会工作服务要发展需要学会调整自己的位置，即学会运用整体和优势的视角协调不同专业的工作，最大化地实现不同专业的组合成效。这是社会工作这个专业具有的独特优势，它在多专业服务团队中就具有了另一个非常重要的角色：服务的整合，根据服务对象的要求把不同专业的服务整合起来。如果缺乏了社会工作这种多专业的整合角色，多专业服务也只是把不同专业连接到了一起，并没有实现服务成效的整合。

随着政府购买服务工作的推进，厦门社会工作从最初几十万的项目购买量增加到几千万，服务范围得到了迅速扩展，服务人员也出现了大幅度增加。社工机构对政府购买项目的依赖性越来越强，行政化的趋势变得越来越突出。无论机构还是社工对专业性的追求热情逐渐降低，对行政化的追逐在不断上升。在这样的处境中，社工提出的困惑常常涉及职业的规划。作为督导也开始慢慢反思专业性的重要性在哪里？是我们太过强调专业性还是我们在专业性上强调得不够？这样的专业性反思让我发现，对社会工作专业性的考察需要回归到社会工作这个专业的知识根本来看，它是关注现象分析的学科还是注重改变考察的实务学科。如果注重现象分析，这样的专业性就会强调服务的程序性和规范性；如果注重改变考察，就会把专业性与实用性和成效性联系在一起。这样，作为督导，关注的重点就不仅仅停留在专业性上，而是服务的实用性和成效性上。

正是在这样的逻辑框架指导下，我在督导中就会把服务场景的了解作为首要的任务，开始督导时一起与社工探讨遭遇困难的服务场景，然后与他们共同分析这样的服务场景中问题解决的可能焦点，接着再与其讨论问题解决焦点改变后带来的结果。这样，就进入到下一个阶段问题解决可能焦点的寻找。通过这样的督导过程，让他们学会在服务场景中寻找解决问题的思维习惯，而不是站在服务场景之外分析问题的表现和原因。一旦他们进入到服务场景中，就需要学习寻找最容易改变的焦点，关注服务的实用性。同时，还需要分析焦点改变之后的服务成效，注重服务的成效性。

对生活局限的认识也是这一阶段督导经验给我的启示。作为督导，我不再像以往那样，总是希望社工喜欢社会工作这个行业，希望社工机构能够充满“正向的能量”。而实际上，在日常生活中开展社会工作服务需要作出很多妥协和让步，如需要配合政府的要求、需要关注合作单位的利益，甚至还需要考虑社工自身的能力和素质等。正视和接纳现实的不足，才能找到可能改变的焦点。这也让我相信，社会工作之所以有用，它是针对日常生活中的具体问题而言，并不仅仅表现在社工专业服务中，它也会表现在其他工作中。如果社工不想留在这个行业继续工作，我也不再劝他们继续留在社工行业中，只是希望他们多想一想自己到底需要什么，不要因为一个行业有局限而离开它。

四、督导的督导

到了2015年，厦门市社会工作有了相当可观的发展，有些社工机构聘用了四五十人的社工，急需那些有经验而且工作能力强的“老”社工走出来，带领入职社工行业不久的“新社工”。在福建省同心慈善会和厦门霞辉老年社会服务中心的支持下，福建省民政厅组织了福建省首届社会工作初级督导培育项目，培养福建省35名有经验的社工成为初级督导。有幸的是，我成为这个项目的主要设计者和负责人。根据一线社工初级督导的能力要求，我设计了半年11门的课程学习和一整年的实务场景的陪伴服务，突出以能力为导向，同时结合本土性和基础性的特点。

这样，我就成为社会工作督导的督导，在福建省的厦门、福州、泉州、宁德和南平等城市督导那些有经验的社工。尽管在一年半的督导培育中经常风尘仆仆地奔波在不同城市之间，但确实也让我见识了之前没有见过的很多项目。这些社工督导中有些并不是社工专业毕业的，他们有的是精神科医生、儿科医生或者其他专业人士，接触他们后，我就更喜欢社会工作这个专业，也逐渐开始在自己负责的福利院等机构内推行社会工作服务。虽然他们的做法不一定被领导和同事认同，但是他们相信自己的判断，坚持在机构内作各种社会工作服务的尝试。在对他们开展督导时，更多地需要偏向项目的总体设计和服务的管理上。他们自己虽然有时间和机会从事具体的社会工作服务活动，但是他们需要规划机构社工的发展，并且指导社会工作部门开展活动。例如，他们经常问的问题是，如何把志愿服务引入到机构中，并且做好志愿服务的管理工作；或者如何设计和宣传服务项目，让相关的管理领导关注这项工作，认识到这项工作的重要性等。

对有经验的社工开展督导，明显与一般社工的督导不同，他们的困扰不是在具体社会工作活动的组织上，而是不同活动之间的连接和整体服务逻辑的架构上。他们经常问的问题是，怎么把不同层面的活动联系起来、怎么让服务活动有特点，或者怎么创造服务的品牌。因此，在督导中服务活动资源的寻找和机构社工能力的评估就显得特别重要。为此，就需要把系统和生态视角引入到督导中，帮助社会工作专业督导学会从多系统角度考察服务活动的安排，在家庭、亲属朋友、邻里、社区和组织等多个系统层面上架构服务活动安排，使社会工作服务活动能够呈现层次性。同时，又能够针对需要解决的问题，让不同层次之间的服务活动能够连接起来，形成一个整体。此外，根据生态视角的要求，还需要从时间纵向角度考察服务对象成长改变的需求，做好服务活动的前后连接，使服务活动成为一个有机整体。

有经验的社工在工作中的另一个重要压力是来自项目经验的总结和提炼。特别是在项目活动开展的中后期，他们常常需要面对项目评估和项目汇报的要求。为此，督导就需要针对这一要求进行重点指导，在项目活动的中后期陪伴社工一起总结和提炼项目。为了提高社会工作的项目总结提炼能力，我通常首先会和社工一起寻找整个项目活动的亮点，这个亮点能够使整个项目有别于同类的其他项目。在此基础上，再围绕这个亮点重新组合项目活动的安排，让整个项目能够既有亮点，又有层次性。之后，再与社工一起挖掘亮点项目背后的新理念或者新视角，并且由此概括出亮点项目的核心内涵。一次，一位有经验的社工找到我，希望针对她组织的长期卧床老人的照顾者开展的喘息服务作总结提炼。于是，我和她一起总结提炼这个项目，在梳理项目活动的经验时发现，这个项目除开展了长期照顾者的喘息服务之外，同时还组织了长期照顾者家庭之间的经验分享和互助的活动安排，以及爱心企业的捐赠活动和企业青年员工的志愿服务。在这样的资料梳理和分析的基础上，我们把这个项目的名字改为“长期照顾者的综合停靠服务”，即为长期照顾者提供家庭和社会停靠，因为我们相信，随着我国老龄化社会的到来，长期照顾者仅仅依靠个人的力量是无法承担起长期照顾的重任的，需要家庭和社会建立一种为长期照顾者停靠的机制，使整个家庭和社会拥有能力应对因老龄化带来的照顾责任的问题。项目的核心是倡导人们改变不合理的养老照顾的理念。

2017 年，厦门市在吸收了福建省首届社会工作初级督导培育项目经验的基础上，开始了“厦门市社会工作专业督导员培养项目”的尝试，我也成为这个项目的督导，帮助培养厦门市有经验的社工成为厦门市首批社会工作专业督导员。这次督导跟进让我发现，采用一种方式进行督导是很困难的，需要根据社工提出的问题综合运用不同的督导方式。如果社工提出的是一个具体实务中的问题，而且需要尽快解决，最好围绕具体问题的解决采用技术指导的方式，让社工在针对同一个实务问题时，有更多的应对方式；如果社工描述的是一个服务计划或者需求理解中的问题，此时比较有效的是采用经验学习的方式，协助社工梳理自己的实务经验和生活经验，打开视野从新的视角理解提出的问题；如果社工询问的是一个个人学习计划或者职业规划的问题，就可以运用批判反思的学习方式，让社工明了自己的身份和社会位置，明确自己的生活改变目标，“有的放矢”地规划自己的生活。显然，第一种督导的目的是提高社工的实务技术应对能力，第二种督导的重点是帮助社工掌握寻找解决问题答案的方法，第三种督导的核心是协助社工了解成长改变方向和目标。只有将这三种督导结合起来一起使用时，督导才能够跟随社工的成长步伐一起向前迈进。

五、协同式督导

2017 年，我还开始了另一种督导方式的尝试，我称为“协同式督导”。所谓“协同式督导”包括三个含义：一是通过督导让一线社工与研究团队协同推进实务，扩展实务经验的借鉴范围；二是通过督导加强实务与理论协同对话，提升实务经验的理论提炼；三是通过督导增进一线社工与研究团队的协同反思，带动双方相互成长。这样，借助研究元素的融入，拓宽督导的内涵，使督导不仅包含实务经验的指导，同时还包括理论视野的扩展，是实务经验和知识的更新。之所以想到“协同式督导”，是发现目前一线社工的实务不是流于形式，缺乏创新，就是经验提炼的速度过于缓慢，总是不断重复之前的经验，让社工在实务中缺乏成就感，这种现象已经成为严重阻碍目前国内社工和机构发展的瓶颈，急需突破。显然，随着社会工作服务的不断拓展，这种现象将越来越突出，目前社工需要的督导已不是回答怎么做的问题，而是怎么不断创新实务和不断总结服务经验的困扰。

于是，从 2017 年 6 月起，我与博士生和硕士生建立了一支实务研究团队，与厦门的一家社工机构签订了为期两年的合作协议，探索这种“协同式”的新督导模式，我们每个月都有一次一线社工和实务研究团队的“碰头会”。在那里，一线社工可以“畅所欲言”，谈的不仅仅只是实务的困惑，也可以是实务中的心得。作为督导的我，第一次发现督导需要如此用心倾听一线社工的经验和困惑，感受和想象他们在一线社工实务场景中的遭遇，需要如此开放地与一线社工交流，包括自己的疑惑。这样的经历让我察觉到，以前的督导位置似乎总是“高于”一线社工，而一线社工总是以学生的态度咨询督导，督导的关注点也就很容易局限于自己的思维框架内。虽然在督导中我们也强调关注社工自身的需求和经验，以社工为本，通过平等的相互交流带动其成长改变，但是实际上，这样设置督导的位置已经让社工处于“弱势”，觉得自己实务技术不足，需要督导的帮助和支持。如果转向协同推进实务，关注社工实务经验的提炼，社工的位置不再是督导知识的被动接受者，而督导也不再是督导知识的提供者，双方只有通过相互合作、取长补短的方式，才能实现实务经验的提炼和转化。

从2003年开始带社会工作专业的学生进行实习督导，到2017年探索“协同式督导”，虽然其间自己督导的位置和身份发生了几次变化，但内心的想法却一直没有改变过：如果督导是一线社工的同行者和陪伴者，我愿意做这样的督导。

服务于癌症晚期患者及其家属的督导经历

张　青

正是一次次生命终端的陪伴过程，使我开始了对生命意义的重新认识，也对社会工作专业的价值和意义有了重新的认识。为了做好宁养服务项目，带领好辽宁的宁养项目团队，我在实践中不断累积服务经验，逐渐走上了临床服务督导的道路。

作者简介：张青，女，沈阳师范大学社会工作硕士教育中心主任，教授，李嘉诚基金会“宁养（临终关怀）社会工作”项目沈阳办公室督导。

一、我的督导之路

2007年6月，怀揣着政治学博士学位证书，回到了家乡省城的高校——沈阳师范大学。准备从事政治社会学研究的我，在报到的第一天，时任老院长和我说，学院今年新开办了一个社会工作专业，缺少专业教师，将我安排在社会工作专业，我的专业也就由政治学转到了社会工作。尽管那个时候对社会工作专业是一无所知，但在老院长的介绍下，对社会工作似乎有了一点懵懂的认识，觉得社会工作专业的价值观、理念方法与自己的人格特质有许多相符之处，也就欣然同意了。于是对社会工作一无所知的我，开始了社会工作的教学工作，和我的学生一起从零开始，一起成长，开始了我在社会工作领域的十年历程。其中的艰辛与不易，唯有经历之后，才能理解其中的况味。

2011年，当我在社会工作领域"读完本科"的时候（我和我们学校第一届本科学生说，我们一起读社会工作专业，你们毕业我也毕业，你们考研我也考研，你们读博士，我也读博士），我的一位老师和我说，李嘉诚基金会正在寻找宁养社会工作的项目合作人，为癌症晚期患者提供临终关怀服务。我一听到"临终关怀"四个字，断然拒绝了我的老师，我告诉她，根据自己对自我的觉察，那个时候的我虽参透了名利，但是还没有看破生死，因此这样的服务我做不了。

2013年中国社会工作教育协会与李嘉诚基金会合作，在全国18个省市联合开展宁养（临终关怀）服务示范项目，辽宁的合作伙伴是沈阳师范大学。学院将这个任务交给了我，尽管我仍然不愿意，但是领导已经做了决定，我只能接受命令。项目团队开始工作之前，中国社会工作教育协会宁养服务项目办公室在长沙进行了为期三天的专业培训，听着专家的讲解，同行的分享，一路下来，三天的培训我整整哭了三天，对这项工作充满了好奇，也看到了这项工作意义非凡。而就在此时，我经历了伯父罹患癌症去世。在伯父生病期间，他一直有个心愿，就是一辈子没有坐过飞机的他希望能在我父亲的陪同下，去重庆看看自己的小侄女，可是由于手术以后，病情不断恶化，直至去世也没能成行，留下了终生的遗憾。2014 年家人再次遭受不幸，就是平时健硕的正值中年的姐夫突然身体不适，检查结果却是癌症晚期。医生告诉我们他的生命周期也就是三到六个月，这对于亲人而言，无疑是晴天霹雳。一时之间，全家处于震惊状态，所有的震惊、否认、怀疑、愤怒、讨价还价到接受，几个月的时间，家人经历了种种的情绪。由于做了一年的临终关怀临床服务，我比家人多了一份平静，指导着姐姐一家人陪同姐夫去看了他喜欢看的风景，留下了珍贵的全家福，在他还没有形如枯槁之前，拍下了生病期间最好的照片，作为遗照，交给儿女们珍藏，让儿女们表达了对父亲的感激之情，做到了生死两相安。

经历这两次亲人的离世，我深切地体悟到，在生与死的两端，亲人们之间是如何的不舍与无奈，彼此之间经历着怎样的难以承受的苦痛与折磨。当不可避免的死亡来临，宁养服务给生命以最后的拥抱，是一件多么有意义的事情。从 2013 年到 2015 年，三年的时间我带领着沈阳师范大学的师生团队，在中国社会工作教育协会和李嘉诚基金会的支持下，奔走于患者家中、宁养院和社区，通过个案工作、小组工作和社区工作的方法，服务于遭受着疾病与苦痛折磨的患者及其家属。看到了一个个鲜活的生命在大限来临时候的愤怒、否认、懊恼或无奈地接受，更看到了在无常的死亡来临之际，家属的伤痛与无助。在一次次服务中自己的内心也经历着一次次洗礼和对生命的重新认识；在一次次的服务中，体验着服务对象不同的人生，看到了服务对象在生命的最后阶段，我们给他们送去的片刻的欢愉，给予生命最后的陪伴。我们的人生从此以后变得不同。正是在一次次生命终端的陪伴过程中，使我增加了对生命意义的重新认识，也对社会工作专业的价值和意义有了更新的认识。为了做好宁养服务项目，带领好辽宁的宁养项目团队，我在实践中不断积累服务经验，逐渐走上了临床服务督导的道路。

二、西方的话语与中国督导的困境

临床实务的教科书给予我们各种指南，认为在服务具体的工作对象的时候，应该首先是接案、收集资料、建立信任关系、预估服务对象的问题，进行服务方案的设计，其次采取行动，进行评估，决定是否结案或转介。这些通则是建立在这样的假设基础之上，首先服务对象有求助的意愿，其次服务对象能够积极配合社会工作者的介入安排，这一假设契合西方的文化和制度安排。但是在中国本土，由于耻感文化以及差序格局的存在，当人们遭遇生活处遇的危机或者需要寻求帮助的时候，更多的是求助于己，或者是求助于因血缘和地缘而形成的内部圈层，很少会求助于外人，特别是涉及个人隐私的问题更是不可向外人言说，这就给社会工作临床实务的开展带来一些困扰。

作为微观社会工作三大方法之一的个案工作，由于服务个体的复杂性和多层次性，再加上社会工作专业方法在社会上的认同度较低，使之一直缺乏实践的场域，而成为一种从书本到书本的“空抡”状态，即使有实践，也只不过是专业学习者之间的模仿或者角色扮演。在我国，临床社会工作遭遇一定的困境还与我国长期以来形成的单位制的惯习有很大的关系。新中国成立以来，由于沿用了战争年代的军事编制的模式而形成的单位制，在面对城乡居民出现的所谓思想问题以及生活困难问题时，总结出一套行之有效的思想工作方法和扶贫济困福利传递的基本原则和方法。然而，作为一种尊重个体差异，秉承助人自助理念的社会工作临床实务方法却是舶于西方。西方临床社会工作的一些方法、技巧和原则作为通则对专业社会工作实践具有一定的指导作用，但是任何一种社会工作专业方法、技巧和原则都与其产生的制度和文化具有一定的契合性。因此，如何将临床社会工作的通则进行本土化，使之契合中国的文化与制度，就成为社会工作实务研究者必须面对的问题。在具体的实务过程中，如何进行有效服务，除需要将移植于西方的价值理念进行契合中国本土的改造之外，我们应该着重考虑的是，秉承什么样的理念和价值观为案主提供服务，运用哪些行之有效的方法为案主提供服务，使之契合中国的文化和服务对象的情境。

三、督导者的感悟

（一）警惕专业霸权，向服务对象学习

舶于西方的专业社会工作，其最初的来源是宗教慈善思想，而当宗教慈善思想外化为一种专业社会工作行动的时候，必然带有宗教慈善的色彩。自此，无论西方社会工作的专业使命和专业意涵发生怎样的变化，似乎都离不开对社会工作的专业使命的检视，而这种检视的过程基本上包含三个方面的范式，即慈善使命的复归、解放使命的凸显以及多元文化与多元价值观的协调。这三个范式，使我们在进行专业的社会工作服务的过程中，作为行动者的专业工作者，其专业霸权会在自觉与不自觉中显现出来。这种专业霸权在服务案主的时候，就表现为，行动者似乎成为解放者，帮助案主获得解放，并且希望案主按照自己的价值观、行动指向进行改变，否则就是服务对象的不改变，服务对象有问题。在这里由于行动者已经犯下了违背案主自觉、助人自助的核心专业价值观，由于服务提供者的专业霸权思想的存在，似乎只有服务对象听从了自己的安排，才是服务发挥了功能的表现，只有服务对象按照服务提供者指引的方向前进，才是运转良好的专业社会工作。实则不然，在具体的社会工作实践中，作为行动者的专业服务人员和服务接受者之间应该形成平等

关系，而不是有权者对无权者的压迫和支配。

在宁养社会工作实践中，当我们看到处在生命最后一刻的服务对象，我们每个服务者都可能产生同情、悲悯的心情，总想着为服务对象做点什么，否则就会心存不安。甚至，有的服务者在探访服务对象归来之后，如果没有看到服务对象按照自己预设的方向发生改变，就会产生很强的挫败感。这种心理的存在是因为服务提供者认为，服务对象与服务提供者相比较而言是弱者，是需要服务者提供帮助的人，当服务者提供帮助没有得到服务对象回应的时候，服务者往往产生很强的挫败感。因为从表面上看，服务对象处在生命的最后一程，忍受着常人难以忍受的病痛的折磨，颜容枯槁，似乎认为服务对象就是弱者，但是在与服务对象的接触过程中，我们却发现了服务对象坚强的一面。有的服务对象已经与癌症病魔斗争了十几年，这其中是怎样的一种经历，家人又是怎样的一种支持？这些鲜为他人知道的生命故事，恰恰是我们应该从服务对象那里学习的。

（二）你不是我，怎知我痛

疼痛伴随着我们每一个生命的载体，或轻微，或剧烈。对于疼痛的叙述不但是普通人的经历，也是思想者叙述的重要主题。悲观主义哲学家叔本华说：“欲求和挣扎是人的全部本质，完全可以和不能解除的口渴相比拟。但是一切欲求的基础却是需要、缺陷，也就是痛苦；所以，人从来就是痛苦的，于是他的本质就是落在痛苦的手心里的。如果相反，人因为他易于获得的满足随即消除了他的可欲之物而缺少了欲求的对象，那么，可怕的空虚和无聊就会袭击他，即是说人的存在和生存本身就会成为他不可忍受的重负。所以人生是在痛苦和无聊之间像钟摆一样来回摆动着；事实上痛苦和无聊两者也就是人生的两种最后成分。”[①] 叔本华揭示了人类一切苦痛的根源，但是他在揭示了为理性主义所遮蔽的个人生命的重要感受的同时，却混淆了身体之痛与精神之痛之间的关系。身心的二元统一使我们在经历身体之痛的时候往往通过精神之痛而加以表达。国外学者尝试将两

① ［德］叔本华．作为意志和表象的世界［J］．北京：商务印书馆，1982：437.

者进行区分，例如，美国2004年出版的一本《生命伦理学百科全书》认为：疼痛是痛苦的来源，疼痛是感觉、解释和调节有疼痛反应的过程——说明其原因和预料其进程，并决定作出什么反应的全过程；痛苦是一种特有的不幸状态，是由一个人的完整性、内在统一性或者总体性的丧失所导致的，或者是由一个人相信他将失去自身完整性的威胁所造成的，直到这种完整性得到恢复和威胁消失，一个人才能不再痛苦。[①] 在欧洲学者看来，疼痛是可以测量的，而痛苦是必须被叙述的。尽管在实际生活中，这两者似乎是同一个东西，但准确地说，疼痛不是痛苦，即便它总能导致痛苦，疼痛是可以感觉的，而痛苦则是一种人的情感。痛苦是对于疼痛的人类体验，是伴随着被伤害危险而引发的我们自身存在的一种情感。

癌症患者不可避免地伴有各种程度的疼痛，特别是癌症晚期患者，忍受剧烈的疼痛是其生命后期主要的生命经历。当我们去探访服务对象的时候，癌症患者和我们说得最多的就是疼痛。身体上的疼成为情感上的一种痛的表达 。“我们所有人都会死去，但是我可以拯救他数日，使他免受痛苦的折磨，这使我感觉到自己具有巨大的甚至新的特权。对于人类来说，疼痛甚至是比死亡本身更为可怕的主宰者。”[②] 在个案服务中，服务对象都会对我们说的一句话就是“死亡并不可怕，可怕的是等待死亡的过程，在等死过程中的疼痛，太难以忍受了”。面对他们的疼痛与煎熬，我们能为他们做些什么？

倾听与陪伴在此刻发挥了重要作用，每次进行个案服务探访时，我们一行人围坐在患者的床边，听他们讲疼痛带来的夜里的煎熬，剧烈的身体疼痛怎样将他们疼醒，他们如何捶打疼痛的身体直至麻木，又怎样抵挡不住困倦在疼痛中睡去，怎样在难以承受的剧烈疼痛中随时随地等待迎接死亡，而且死亡对于他们来说将是煎熬中的疼痛的身体最后的解脱。身体的剧痛只有通过将疼痛与身体同归于尽，才能使灵魂彻底得到解脱。我们知

---

① 肖巍．疼痛：生命伦理学的一个重要话题［J］．中国医学伦理学，2008（6）．

② A. Schweitzer. On the edge of the primeval forest［M］. New York：AM S Press，1948：95.

道，我们的到来并不能减轻他们身体上的疼痛，但是通过他们的叙说，观察他们的表情变化，我们可以肯定的是，我们的倾听与陪伴减轻了他们精神上的痛，因为他们的体悟、他们的经历有人分享，有人倾听。

（三）请允许我悲伤

每个人在一生中都要经历与他人建立关系的连接和情感的依恋，以此来寻找安全感获得生存下去的保障。同时，每个人在成长中又必然遭遇丧失的经历，在一次次小到丢失一样自己珍视的小物件，大到宠物的走失或生命的丧失的过程中，体验人生，经历成长。而人生最大的丧失无非就是挚爱的亲人突然离世。死亡，无论意外或预料之中，都是人生难以承受的丧失，死亡带来的生活变动的巨大，不但使稳定的生活起波澜，还有关系的中断，依附情感的终止。死亡连带而来的动荡不安，挑战了人对生命与生活的盲目期待。我们盲目地眷恋稳定，期待日子保持原状，不希望发生悲苦不幸的事，也不喜欢有任何变动，然而死亡的发生，特别是意外死亡的发生，却实实在在向我们展示人生的无常，生命的脆弱。① 但是当我们遭遇人生难以承受的丧失、失落和悲伤，我们的文化却告诉我们不论在何种情况下都要坚强。“逝者安息、节哀顺变”这些都是当我们处于亲人离世的哀痛的时候，他人对我们的劝慰。我们的文化也告诉我们，不要轻易和别人谈及自己的悲伤，更不要随便触及他人的哀伤，所有的悲伤需要我们自己内化吸收，就好像我们的肢体发生骨折，我们不能打石膏，不能拄拐杖，只能耐心等待机体内在的力量，使其自我疗愈而得到康复。似乎当我们不谈及不触及哀伤，哀伤就不会存在。这种自我疗愈的过程将是怎样的一种内心的折磨？社会工作专业服务人员的出现，恰如石膏与拐杖，虽不能代替伤者的自我疗愈，但是却能帮助伤者减轻或舒缓疗愈过程中的痛苦。

在宁养社会工作示范服务项目中，由于服务对象的特殊性，当我们的服务还在正常开展的时候，却往往遭遇服务对象的死亡，我们的服务就转

---

① 苏绚慧．请容许我悲伤［M］．南京：江苏文艺出版社，2012：167.

换到对生者的哀伤辅导。在进行哀伤辅导服务的时候，我们的团队出现了分歧，有成员认为，不能和服务对象谈论逝者，因为那样会引起服务对象更大的哀伤和情绪的波动。我们在讨论后认为，服务对象是否哀伤，取决于服务对象的人格特质，对逝者离世时的心理准备，以及服务对象的社会支持网络的建构。但是不论上述因素如何影响生者的哀痛，在逝者离世的短时间内，对逝者进行生命回顾，帮助服务对象缅怀逝者，重整逝者的生命故事，梳理逝者与生者之间的情感连接，使生者的悲伤情绪得以宣泄和释放，对于生者重整生命意义，建立新的情感连接是会发挥积极作用的。

（四）有时无声胜有声

社会工作作为一门专业的助人工作，除了为服务对象链接相应的资源、整合资源之外，它的一个主要的服务特色就是与服务对象之间的交流与沟通。如何进行有效的沟通，是社会工作者专业实践中必须学会的一个重要技巧。Francesca Inskipp 曾经对社会工作沟通技巧给出了一般性的框架，他指出，社会工作者在助人的过程中要经历三个阶段：第一阶段，助人者应该如何发展出温馨的关系，使服务对象可以从自己的参考结构中探索问题，这个阶段需要的技巧包括投入注意力、倾听、积极主动地倾听，经由释义、反映感受、归纳、聚焦等技巧达到沟通、同理的了解、不批判地接纳以及真诚等；第二阶段，着重于发展新的认识，帮助服务对象以新的观点来审视自己与自己所面临的处境，以便协助案主更有效地解决问题；第三阶段，帮助服务对象思考可能的行为方式，拟订行动计划，测量执行的代价与结果。①

按照一般的通则，我们都知道，在沟通的过程中，应该秉持包容、接纳、不批判的价值观，投入注意力，主动积极地关注与倾听。但是当我们面对服务对象的时候，很难将专业自觉运用到具体的服务实践中去，个人

---

① ［英］Janet Seden. 社工实务的谘商技巧［M］. 戴靖惠，译. 台北：弘智文化事业有限公司，2002：13－14.

的价值观和人格特质在专业服务中有时候会与专业价值观杂糅，特别是我们面对的是特殊的服务对象。当患者不想讲话的时候，有些社会工作者为了避免冷场，总是在寻找话题，急于表达，甚至当服务对象因为疼痛的侵袭，已经无力回应服务者提出的问题，我们的工作者仍然置服务对象的感受于不顾，实际上这是一种违背服务伦理和价值观的服务方式。面对服务对象的疼痛，疾病的折磨，我们显得那么无力，不知道能为服务对象做些什么，而此时，一个动作、一个表情，静静地坐在床边握住服务对象的手，可能都是一种支持、一种力量，远比喋喋不休地叙说更有效果。

（五）打破既有的模式，聚焦问题所在

按照个案工作的一般范式，当进行个案的临床处遇的时候，首先应该尽力全面收集服务对象的个人、情境以及社会支持系统中对案主带来影响的各种因素。收集资料的过程是一个复杂的、富于挑战和冒险的事情，因此收集、分析资料的过程将伴随着对服务对象的评估，以便于治疗过程的开始，但是这一范式导致收集资料将耗费大量的时间。在宁养社会工作示范项目中，我们的项目服务要求是每个服务对象的服务次数只有 4 次。那么如何在短暂的服务周期内，实现助人自助，使案主获得成长的机会，帮助服务对象修复关系和恢复应有的社会功能，就需要调整服务的方式，将个案工作的一般通则作特殊性处理，我们做了以下尝试。

第一，将收集资料的过程与治疗的过程同时进行。

我们都知道，沟通可以分为事实性沟通与治疗性沟通，因此在服务对象陈述相关事实的时候，我们就可以完成服务对象的资料收集，同时对服务对象的一些问题可以展开治疗。例如，笔者曾经服务的一个与女儿关系恶化的癌症晚期服务对象，在收集资料的过程中发现，服务对象面临的主要问题有亲子关系的长期恶化，非正式社会支持系统的脆弱，对患上癌症的原因解释时倾向于内归因，由于自认为是失败者而导致的人际交往的低自尊，以及认知中的绝对化观念。亲子关系的调整与社会支持系统的再连

接，需要争取服务对象的同意。因此，在首次会谈中主要是收集资料和提出建议，对于服务对象的低自尊以及认知中的绝对化观念，在会谈中，由于是将治疗元素加入资料收集过程中，通过面质、去绝对化、修通、重构等专业技巧的运用逐步改变了服务对象的错误认知，使服务对象的紧张情绪有所舒缓。

第二，将对服务对象的评估和对服务对象的治疗纳入同一过程。

尽管按照一般通则的要求，在工作的初始阶段首先应该进行资料的收集工作，但是从系统论的角度来考量，如果我们在这一阶段只是考虑收集资料或者只是对服务对象的问题进行评估，而不是同时展开对服务对象的处遇或治疗，那么就有可能导致服务对象的即时性需求得不到满足。对服务对象要进行谨慎小心的评估，并且将评估持续于整个服务过程中。在与服务对象接触的过程中，不论是从会谈主题还是会谈细节都要小心谨慎，而且要持续不断地修正。

（六）保持文化的敏感性

个案社会工作临床处遇的时候，必须时刻保持文化的敏感性，切合本土文化。

当我们首次见到某个人，我们的第一印象会自动获取一些个人特质，如这个人的人格、情绪、年龄、性别等。当此人与我们相似的时候，我们会对他或者她有些特定的假设，这些假定是基于我们相同特质的经验而来。但是当我们的服务对象与我们的特质，特别是文化特质不相符合的时候，就需要在处遇的过程中，高度保持文化的敏感性，正如许多学者提出的在个案服务中个人自身文化的觉察是了解他人文化的基础。因此，有意识地运用自我这种核心技巧需要我们在与服务对象接触时，当自身的情绪和态度影响到专业功能的发挥时，能有所知觉，这就要求实务工作者要对案主的文化背景有深入的了解。但是具备文化敏感性不可能是一种普遍的素质和能力，要求我们学习掌握更为广泛的人类学知识，但是这一素质在短时间内是难以提高的。因此，在具体的服务实施过程中，我们尝试将文化敏感度当成一种人际间的敏感性，这将使社会工作者总是站在服务对象的立场去想象，了解服务对象的主观世界，深切同理案主特有的文化而形成的内在核心。在中国，由于区域文化的多元性，当我们处遇服务对象的问题的时候，除了契合服务对象自身的文化敏感性外，还要考虑到地域文化的敏感性，只有这样才能更好地服务于社会中有需要的群体。

让有意义的督导更有意思

舒启燕

我经常会被问一个问题：“为什么会选择社会工作这份职业？为什么会成为督导？”其实答案很简单，因为社会工作非常有魅力。从我个人经历来说，我曾在上海商学院社会工作专业读专科，然后到复旦大学读社会工作的本科，经过6年的学习，我越发觉得社会工作有让我着迷的地方，我也希望将自己对社会工作的热爱分享给更多的人。

作者简介：舒启燕，女，毕业于复旦大学社会工作专业，社会工作师，助理社会工作督导师，上海公益社工师事务所督导培训部主任，海宁公益社工师事务所副总干事。主要负责及参与的项目包括维稳项目、单亲妈妈项目、救助项目以及优抚项目。其中，维稳妈妈项目获得首届全国优秀专业社会工作服务项目三等奖。同时，参与上海市“关爱功臣活动”专业督导项目、浙江省嘉兴市民政局社工人才培养和服务项目、江苏省昆山市花桥经济开发区社区服务社会化督导项目、浙江省海宁市社会工作专业督导项目、安徽省首批社会工作专业督导培养项目，具有较为丰富的实务经验和督导经验。

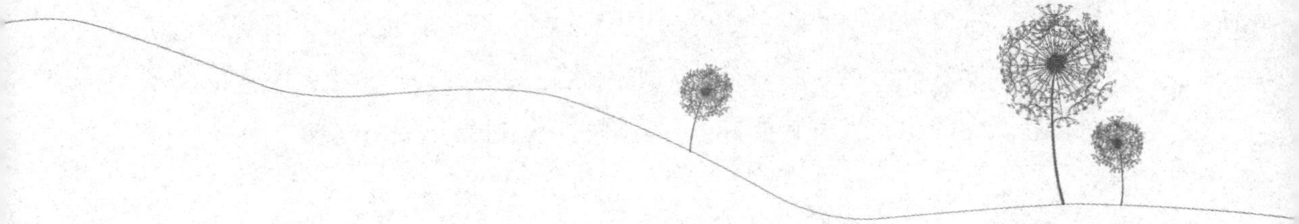

写这篇督导心路历程的时候恰好是2018年的第一天，这也是我做督导的第6个年头。回想这6年，有欢声、有笑语、有收获、有成长，当然，也有被质疑和不被认可的时候。年轻的时候也会因为这些质疑声不开心，的确，刚做督导的时候我才23岁。受督导对象总会觉得我年纪轻、资历浅、没经验，所以常常会听到“她这么年轻，有能力给我们督导吗”“小姑娘有没有实务经验啊”这样的质疑声。可现在回想起来，我的难过情绪随时间的流逝而减退，反而对那些不看好我的人有了感恩的心。那时候虽然艰辛，但是凭借着“不能让我们机构丢脸，要给自己争口气”的信念，我调整心态，没有过多受到环境或者旁人的影响。回想这6年，我就像一只小小的蜗牛，看清自己的方向，一步一步地往上爬，督促自己不断努力，不断学习，不断进步。

一、我眼中的督导

随着近年来国内社会工作的急速发展，社会工作督导也越发受到重视。社会工作督导是一个提升社会工作效能的过程，其目的是协助社工具备清晰的视野，增进其专业效能，提高士气及工作满足感，以完成专业使命，提高服务质量，最终使服务对象得益。督导是一种确保服务能够有效且高效运作的策略。督导的岗位可以给受督导者的工作带来很大的帮助。

定期的个别督导以及小组督导可以给予受督导者更多的支持以及帮助，协助他们共同解决困难、面对难题，陪伴他们共同成长。总结我个人的实务及督导工作经验，就督导的目标、策略、功能进行了以下梳理。

（一）督导的目标

一是增强受督导者的专业知识，提高受督导者的一线实务操作能力。使受督导者在一线服务中可以帮助服务对象获得符合其最佳利益的协助，使问题得到解决。

二是为受督导者提供情绪支持，使受督导者有信心面对工作压力，激励受督导者的士气和服务热情，使其能够对机构的规章制度更清晰，增加受督导者对机构的归属感。

三是通过观察受督导者的工作表现，协助受督导者开展一线服务工作，帮助修改对服务对象的介入计划以及跟进受督导者的服务实施情况，确保受督导者的工作有序开展。

四是为受督导者提供一些参加培训的机会以及和同行交流的机会，提高受督导者对社会工作职业的认同度。

五是为受督导者提供基础知识强化课程和实务能力提升训练，着力培养应用型社会工作专业人才。

（二）督导的策略

通过个别督导，给予受督导者情绪上的支持，让受督导者感受到自己不是孤独的，是有团队可以依靠的，从而增强对机构的归属感。

通过小组督导，针对受督导者提出的共性问题进行答疑解惑，并且在小组督导中，突出同伴之间的支持，让同伴给予彼此建议，共同进步。

通过现场督导，定期陪同受督导者一起上门走访和参加个案，以及现场观摩受督导者实施小组活动和社区活动，在活动时或个案后进行分享和讨论，给予受督导者建议，提高其实务能力。

（三）督导的功能

社会工作督导具有行政功能、教育功能和支持功能。在督导的三大功能中，行政性督导主要是为受督导者提供各项资源，同时也协助机构实施对受督导者的绩效管理。教育性督导为受督导者开展工作提供必备的知识和技能。支持性督导则是为受督导者更好地开展工作创造有利的环境氛围、提供心理支持并促进其富有成效地开展工作，使其在工作中获得成就感。

督导的功能只有在良好的相互信任关系中才能充分地发挥出来。由于我本身也从事着一些实务性工作，所以在督导的过程中能够和受督导者之间产生共鸣，从而增加受督导者对我的信任感，受督导者愿意把真实的想法和感受告知我，便于我更好地给出一些建议。

在给社工个别督导的时候，主要是跟进项目进展以及扮演好“负面情绪回收者”的角色。比如新入职社工在生活和工作中有时会无法找到平衡点，这时就需要先处理好社工的情绪，才能去谈工作。再比如，老员工会因自己长期跟进一个个案没有成效，而对自己的工作产生怀疑，这时候就需要给予社工足够的信心，肯定他做得好的地方。当社工在最受挫、最无助以及最彷徨的时候，督导可以给予社工希望，让社工觉得自己不是一个人，而是有人在支撑着他；当项目团队士气低落的时候，督导可以及时帮助大家提高凝聚力，提高共识度。

我在平时的督导中会通过经验分享、具体困惑解答、提供具体方法与技巧等手段，帮助受督导者解决在实务过程中遇到的各类问题。这不仅是方法与技巧的传输，还可以引导受督导者作出基于社会工作专业的正确分析和判断，共同探讨问题，提高服务质量。总体而言，督导者的工作是传授受督导者专业知识、协助受督导者解决困难、帮助受督导者成长。在这个过程中是增强其独立性，而非增强其依赖性，使其在日后遇到类似的生活挫折和困难时可以独立自主地解决。但是这并不代表团队不会给予受督导者支持，我希望能够在每次的小组督导中让受督导者可以充分感觉到团队给予他们的力量。受督导者表示他们都很享受每次小组督导时的“相聚”，当工作过程中遇到困难和挫折的时候，团队成员彼此之间给予力量相当重要。特别是对于驻点社工来说，他们的工作环境往往是一个人在街镇上班，很少享受到团队带给他们的力量，但是，那不代表团队就不存在。团队一直都在那里，团队中的任何成员有困难，团队都会是最坚强的后盾和港湾。

二、我的督导档案

我人生的第一个督导项目是在浙江省嘉兴市，给一家社会工作机构做专业督导服务。而我的第一个督导对象也不是普通的社工，她原来是交通局下属征费管理所的党支部书记兼所长，退休后当上了这家机构的负责人。按理说，她拥有相当丰富的工作经历和社会资源，而我作为一名年轻的督导，能为她提供什么呢？说实话，当初自己心里也没谱，但凭借初生牛犊不怕虎的冲劲，揣着一颗赤诚的社工心，凭借社工的专业知识和技巧就做起了督导。万幸的是，我的督导对象对我是比较认可的，这份认可不仅是对我督导身份的认可，也是对我专业的认可。在督导的过程中，我们会一起讨论疑难个案的解决策略，会商讨如何来制定项目书，也会交流人生经历，整体过程十分愉快。以至于这么多年过去了，督导的关系早已结束，但我们还是会经常联系，共同憧憬社会工作的美好未来。感谢第一次督导的这段经历，让我对自己的督导身份有了信心，对督导工作有了价值感。自那之后，随着机构业务的需要，我又陆陆续续承接了很多的督导项目。督导对象中，不仅有街道或者机构的社工，还有医院的医生、学校的校长、街道的书记或主任、社会工作机构的负责人，甚至在给其他机构新入职员工做督导的时候还碰到过曲艺爱好者、搬运工等各式各样的社会角色。十分感谢这些一起共度督导时光的伙伴们，让我在摸着石头过河的过程中逐步积累了信心和勇气，更加有收获、有成长。

三、感谢遇见你

我经常被问到一个问题："为什么会选择社会工作这份职业？为什么会成为督导？"其实答案很简单，因为社会工作非常有魅力。从我的个人经历来说，我是上海商学院社会工作专业毕业的专科生，之后到复旦大学读社会工作的本科，经过6年的学习，我越发觉得社会工作中有许多让我着迷的地方，我也希望将自己对社会工作的热爱分享给更多的人。

2009年3月12日，于我而言是一个特殊的日子。这一天，我正式走进我目前工作的机构——上海公益社工师事务所。上海公益社工师事务所成立于2007年，是一家扎根于社区，积极响应社区需要，提倡社区参与和社区关怀，并致力于为社区居民提供多元化专业服务的民办非企业单位。从这天开始，我便开始了在上海公益的漫长岁月，一干就是8年的时光。回忆过往自己做过的项目，服务对象从0岁到100岁，服务领域也涵盖了"外来媳妇"家庭社会工作服务、"单亲妈妈"家庭社会工作服务、"维稳妈妈"家庭社会工作服务、来沪人员综合服务项目、社会救助对象社会工作介入项目、优抚对象社会工作介入项目、信访社会工作等。从我个人的角度出发，一名合格的督导者必须具备扎实的实务经验，才能处理好督导对象所碰到的各类需求或问题。例如，在给一线社工做督导的时候，每当开展大型社区活动时，我都十分理解他们紧张不安的心情。因为回想自己在2011年的时候，做过的一场"蕙兰心，绽放，快乐"单亲妈妈项目成果展，就是怀着这样的忐忑心情。那次活动是我第一次独自完成的一场大型社区活动，我深知一次成功活动的背后需要付出大量的时间和精力。直到今日，我仍清晰地记得，当时为了能多招募一个服务对象参加最后的一次活动，我拿着170户单亲妈妈的名单，一个人在寒风凛冽的冬天，一户一户地上门邀请，送上该次活动的宣传单页，在短短的3天时间里，我走了86户单亲家庭、26个居委会。因此，每每碰到社工在督导中提出的关于招募活动对象困难这个问题时，我感同身受，且能够以过来人的角色给予同理并提出相应的解决方案。

其实，实务比我强、理论知识比我丰富的社工大有人在，但是我之所以有机会成为一名督导要感谢我的伯乐——上海公益社工师事务所董事长、华东理工大学社会工作系主任朱眉华教授，以及我的导师——上海师范大学社会学系副教授陈蓓丽博士。感谢朱老师给我提供各种资源和平台，让我不断突破自己！感谢陈老师把我带入社会工作行业，让我可以发挥自己的优势和特长，以己之力帮助需要帮助的人，改变我能改变的事！

80后虽然常常被冠以个性十足、锋芒毕露的特点，但这也恰恰体现了我们内心深处希望成为一个有价值的人。作为一名80后，在我看来，社会工作就是一份最能体现个人价值的职业，感谢让我遇见了你！

四、两个人的独角戏

在做督导的6年时间中，我遇到很多印象深刻以及深受感动的事情。在这里，我想和大家分享一个不那么成功但却独特的督导案例。

2016年的时候，我受聘给外省市的医务工作者担任督导，有一位督导对象是心脏科医生。我第一次给他打电话通知他来督导的时候，是护士接的电话，护士告诉我说："我们这位医生没空，在手术台上呢。"此时我内心的想法是：天哪，现在动手术的医生都要开始做社工了，说明社会工作这个行业不得了啊。可是，真正的督导并没有我想象中那么顺利。论专业知识，他作为拿手术刀的医生，比我更牛；论身份，他是科室主任，与我这个督导就算"打平手"吧。我记得第一次督导时，我满怀激情地介绍了社会工作的价值理念以及督导的职责范畴，该医生就问了一个问题："我工作比较忙，我们能少见面吗?"我说："不能！项目规定我们每月需要这样面对面坐下来督导一次。"之后的每次督导，对他来说是一种"煎熬"，对我来说是一场"战争"。他的煎熬是每次来进行督导都是抱着完成任务来的。而我的战争是自己跟自己在打架，我一方面在督导的角色中不能自拔，我的潜意识里告诉自己需要以人为本，需要对督导对象表达同理，不能操之过急；可我又是一个任务导向的督导，我希望利用每次的督导时间来给他灌输社会工作的理念，普及社会工作知识，以便让他能够在最短的时间内可以把项目顺利地进行下去。

在督导过程中，我渐渐了解，起初他愿意做社会工作项目是出于对社会工作这个行业的不了解，认为做一个项目无非就是和医务领域的项目一样，在年底的时候交一篇论文或者临床报告就完事了，并不知道其中有那么多的新知识和新理论需要学习与实践。所以在和该医生的督导中，我在普及社会工作的理念和方法上花了很长时间，他也会向我普及医疗方面的专业知识，我们每次的督导面谈也更像是不同学科知识间的交流。经过半年的督导，我发现该医生有了些许的进步，对社会工作的三大方法有了初步的认识和理解。到了督导的后期，除了能够基本完成项目的进度外，他对于社会工作这个职业也有了全新的看法。在最后一次的督导中，他说："现在看来，你们做社工的比我们做医生的还要专业！"

通过这次督导，我开始思考一个问题：怎样成为一个能够被人接受以及喜欢的督导？我一直强调不希望自己的督导对象是被强制性地叫来接受督导的，这样的过程无论是对督导对象还是对我而言都是不快乐的，无论谁带着情绪来督导都会影响到督导的成效。因此，在我的督导中，我希望能给每一个督导对象提供"私人定制式"的督导服务，让个别化的需求得到满足，并且在督导的过程中尽可能地增加趣味性。对于刚进入机构的新社工或者是资历较浅的社工，在督导的过程中我会侧重让其去了解和学习一些机构的背景、使命、愿景、目标和制度，然后让社工作为一名小老师或小导游，边带我参观机构边讲给我听，而不是一开始我就直接地告诉他们这样的灌输式教育。对于有工作经验的社工，我会侧重于专业方法、技巧、理念方面的督导，主要采取角色扮演或者督导作示范的方式。此外，我也会尽可能地协助社工将自己的兴趣爱好与工作相结合，让社工带着兴趣去工作，从而更好地提高工作效率。对于非社会工作专业的督导对象，我觉得这个过程更像是互相学习、教学相长的一个过程。对于督导对象擅长的知识和领域，我也会抱着学习的态度去倾听，对他的专业表示尊重和认可。同样，在互动的过程中，督导对象也会像我尊重他的专业一样来慢慢地了解以及吸收社会工作的知识和技能，并且我会赞同把社会工作知识和他原来擅长的知识相融合，从而更好地为服务对象提供多元化的服务。在给即将离职的社工做督导时，在最后一次督导前，我都会给他们布置一个作业，就是带着新员工徒步去走一走服务的社区，在走的过程中梳理社区的资源，让新员工更直观地了解社区、了解服务对象、了解项目。之后两人共同完成一幅“社区资源图”，这幅图其实也是老员工离职前留给机构的一份最好的礼物。对即将离职的社工来说，能够把自己在机构中发光发热的点点滴滴绘成一幅图，也是送给自己的一份最有价值的礼物。

自始至终，我都希望自己能够成为像老师一样的督导，传道、授业、解惑，也希望这个过程是快乐的、有意义的、有魅力的。

五、督导问题分析

在督导的过程中，督导对象会提出很多的困惑和问题，我们会通过头脑风暴的方式来共同探讨解决问题的策略和方法，充分讨论之后督导才会给予一些建议。在这里，分享三个督导中最高频率的问题。

问题 1：需求与服务脱节怎么办？

社工 A：我机构在某街道开展为老服务已经多年，拥有相当丰富的相关经验，今年在项目签订以及制定标的的时候，主要依照往年的工作经验来制定。但是在实际开展的过程中，发现原来需求较大的康复服务没人需要了。然而项目已经落项，标的难以更改，这样的话，评估的时候会不会很受影响？

督导答：项目开展前期需要经过一段时间的需求探访，这虽然是前期工作，却决定了项目的方向和重心。虽然你们在该街道拥有多年的服务经验，但这也可能会让你们对该街道的特点、需求和所需要的服务内容形成刻板印象。也正是这样的经验限制了你们的发展，固化的服务困住了你们对服务进行创新的可能。对于刚才说的这种情况，最佳的解决方案是以书面的方式和购买方去协调，尝试对个别标的进行微调。如果实在无法调整，针对这个问题，我觉得项目组可以从以下方面去努力。

首先，进行需求调研，发现服务对象目前的需求。在这个过程中，可以摸清楚服务对象为什么不需要康复服务。比如作为空巢老人，康复服务应该有较大的服务空间，服务对象拒绝该服务的原因可能是因为此前的康复服务人员流动率较大，他们不习惯，或者康复服务成效低下，性价比不高，还是康复服务内容形式僵化，缺乏创新性？

其次，针对以上收集到的信息，可以进一步改善机构的康复服务内容，使服务内容更切合老人的需求。例如，聘请专业强、素质高的康复服务人员，对康复服务人员进行定期培训，稳定康复治疗团队，创新康复形式与内容等。

最后，如果上述方式并没有成效，可以在需求调研中发现空巢老人新的需求，从而针对需求设计有针对性的相关服务。同时，加强与购买方、落地方等各方面的沟通交流，及时说明情况。虽然原本的标的完成率可能不高，但是却在过程中发现了自己的不足并为服务对象提供了恰当且良好的服务。

问题2：关于职业瓶颈期

社工B：我在这家机构已经工作几年了，对于这个项目也有比较丰富的经验。一开始我也是怀揣着公益的热情，以及对老年人的关爱，但是说实在的，工作几年下来，觉得自己的热情一点点消耗完了。现在自己的处境也很尴尬，同期进来的同事有离职的，有升为主管的，只有我还在原地踏步。我也不知道现在应该怎么办？

督导答：职业瓶颈其实不只是在社会工作行业才有的，其他行业同样存在。同时，每个人在工作中的发展也因人而异，会有较大的差异，这并不是你个人的问题。但是你能在工作中停下来思考自己的价值和目标，这是一件好事，说明你在为自己的职业作规划。

我们常说，助人自助，其实社工在服务的过程中也是一个自我成长和分化的过程。你说有的同事离职了，那可能是他不适应这里的环境，尝试往别的领域拓展；有的人做了主管，那他可能在几年的工作过程中积累了经验，向自己提出了更高难度的挑战。至于你，之所以不知所措，可能是到了需要考虑自己想要什么的阶段了。

我觉得，一方面，你可以沉淀一段时间，通过与督导或其他专业人士的交流，了解自身焦虑的来源，明确自己是真的不喜欢目前的工作内容，还是否定社会工作这个职业，又或者只是外界环境带来的小小激荡。针对不同的情况，采取不同的处理方式。

另一方面，如果你希望自己有所改变，那可以先向其他同工了解一下他们的工作内容和性质。例如，你可能也希望自己更进一步成为主管，那你就需要了解项目主管应该具备的组织策划、调查研究、沟通管理、汇报总结等各个方面的能力。通过与其交流，调试自己的目标与定位之间的差异，从而判断自己是否合适并且胜任。

无论如何，要相信你角色的转变与成长可以得到来自机构、家庭、服务对象以及督导各方面的支持。

问题3：关于信息沟通管理

社工C：我目前负责的一个项目其实是由业务部负责的，但项目中会涉及很大一部分的康复服务，而康复服务是由综合服务部来提供的，业务部实施项目时往往难以对接到综合服务部的服务。这种部门之间的沟通常常因为时间等原因无法达成，我们应该如何来协调呢？

督导答：部门之间沟通的及时性和有效性也是影响项目运作的主要原因之一。不同部门成员因为各自工作内容与性质的不同，会出现时间无法协调、缺乏实时沟通的情况，造成项目运作时的滞后。其实部门之间的沟通也需要形成完善的沟通管理体制，只是操作上需要比项目成员之间的沟通更加多元化一些。

首先，在项目实施方由多个部门组成的情况下，可以尝试设立信息沟通联络员的方法，即在每个部门内明确一名信息沟通联络员，一旦有需要多部门协调进行的工作任务，沟通联络员便可以及时汇总信息，及时发布和传递信息给其他的部门，并及时监控信息的更新度与准确性。这一制度能够责任到人，并减少信息偏差。

其次，单纯例会、研讨会、座谈会等形式可能会受到彼此时空的制约无法达成，此时运用线上会议的手段可以克服时间或地域的局限。但是线上交流需要做到提前通知、实时在线等要求。同时，线上会议也需要提前确定好主要议程，有专人对讨论以及沟通内容进行总结与梳理，在会后以小结的方式传达给参会者。

最后，建议在机构内部制定沟通管理机制，提升项目的信息收集以及传输能力。例如，请大家一起来制定例会制度、汇报制度、反馈制度等，通过多次的讨论会，逐步确定项目组内部沟通机制，厘清信息传递环节。此外，项目成员也需要利用好讨论会的时机，讨论自己对项目的期望成效，以及实施项目中需要机构层面支持与协助的部分。

六、督导说案

我很享受每一次督导的过程，也很珍惜每一次督导的机会，感谢每一位督导对象和我一起成长。这里把我近期进行的一个督导案例分享给大家。

（一）案例背景

小沈（文中统称为督导对象）是一名社会工作硕士二年级的学生，在一家专业社工师事务所实习，每周实习五天，为期半年。笔者（文中统称为督导）作为该机构的项目主管，为其提供督导服务。

督导对象自本科以来就学习社会工作专业，至今已有六年专业学习经历，对专业认同度较高。在此之前，督导对象对于一线服务有所实践，但并不深入，同时对社会工作间接服务（评估、督导、培训等）有一定兴趣。督导对象希望通过实习，将几年的专业所学应用于实践，同时在实务中尝试自己是否适合社会工作，找准未来职业方向。

督导对象在实习期间加入了优抚工作项目团队，而优抚社会工作对于督导对象来说是一个全新的领域。因优抚对象浓厚的军队情结、特殊的社会角色定位以及较强烈的政治色彩，故对其开展服务需要对相关政策和人群需求定位等有一定的了解，而督导对象此前没有接触过这类群体，所以本次实习对于督导对象来说是一个很大的挑战。督导希望通过为期半年的专业实习，帮助督导对象了解优抚社会工作，不仅是学会为这一类人群提供专业化的服务，并且可以在间接服务的实习过程中从更加宏观系统的层面对该领域及社会工作专业等有一个广义并且清晰的认识与建构，从而明晰自身定位，找准研究兴趣点所在，协助其完成毕业论文的撰写和完善。

（二）问题与困惑

从日常沟通中，督导发现督导对象的专业实习困惑主要集中在以下几大方面。

优抚介入难题。优抚对象的特殊角色使其有较强的荣誉感需求，而有些优抚对象又有很强的实质性物质需求。作为一个社会工作专业出身的实习社工，在学习中接触了比较多的理论知识，而投入到实务介入领域，通常会因为理论与实际存在的差距而无所适从。例如督导对象因为对这一群体无法做到政策倡导，所以常常存在无力感与挫败感。

专业实习与机构行政事务间的矛盾。督导对象所在的学校对于学生的实习任务布置较多也较为严格，督导对象需要撰写大量的实习记录、反思以及与专业研究相关的内容。但作为接受实习生的机构，不仅要满足实习生专业实习任务的完成，还有项目上的工作需要实习生配合完成。督导对象因这双方压力较大，常常不知道如何平衡、如何协调。

间接服务中的角色定位困境。督导对象在跟随督导开展优抚领域评估、督导、培训相关服务的过程中，由于实务经验的缺乏，常常找不准自身定位，并且在服务过程中认为间接服务与社会工作专业本质关联性不强。

（三）督导目标

针对督导对象面临的困境，督导制定了以下督导目标。

总体目标：

协助督导对象建立专业自信，找准角色定位，明晰社会工作核心价值理念。

具体目标：

一是了解优抚对象。协助督导对象加强对优抚对象的全面了解，并习得与优抚对象沟通、建立专业关系等相关实务技巧。

二是处理负面情绪。协助督导对象了解机构与学校双方的需求差异，帮助督导对象消除因此带来的焦虑感和矛盾感，使其以更加好的状态进入实习生的角色，协调好两边的工作量。

三是深入间接服务。带领服务对象了解社会工作间接服务的专业内核，让其明白实务服务与督导培训间的关联，并从中找到自身定位，更好地融入实习任务。

（四）督导策略与过程

1. 督导策略

（1）督导框架的系统搭建

督导尝试与督导对象一起商讨实习目标与具体任务，经过双方的沟通，制定出系统的督导支持体系，详见下表。

实习期	工作目标	工作任务
前期	1. 了解实习机构与部门相关人员 2. 了解实习目标与任务 3. 协商实习具体安排并制订相关计划 4. 实习机构融入	1. 签订实习协议 2. 制订实习初步计划书 3. 机构探访与资源挖掘

续表

实习期	工作目标	工作任务
中期	完成实习相关任务	开展社会工作专业实务
后期	1. 实习内容总结整理 2. 成效评估 3. 专业反思与个人成长	1. 完成实习报告 2. 反思理论与实践结合 3. 找准未来职业方向

（2）督导制度的初步建立

建立完善的督导制度，其中包括个别督导、团体督导和朋辈督导相结合的方式，为督导对象提供全方位的支持。

个别督导：督导为督导对象提供每周一次的个别督导服务，结合督导对象本周实习中遇到的困惑进行解答和引导。

团体督导：每两周结合机构例会时间，对机构部门内的一线社工与实习生等进行团体性督导，邀请不同角色的督导对象共同探讨，专业分享。

朋辈督导：督导欲建立朋辈督导交流制度，为实习生提供一个同伴支持系统。在这个过程中，督导对象既能接受来自朋辈的支持和引导，又能作为“督导者”对同伴遇到的问题提出自己的解决方案。在互相的支持和帮助中，提升督导对象对社会工作服务和自身价值的认同感。

（3）督导层面的多样涉及

关于教育性督导

在督导前期，督导对象对机构进行了探访，了解了机构的起源、发展和现有项目，并且对优抚领域有了文献查阅、对象文档收集和对优抚对象的初步接触，对服务群体和自身定位有了初步了解。

在督导中期，督导一方面协助督导对象开展了个案、小组和社区的相关实务介入工作，以不同形式的干预方法，让其锻炼专业能力，增强其专业自信，并探索优抚领域社会工作介入的有效性。另外，督导利用评估督导与培训等间接服务的方式，带领督导对象对该领域的社会工作发展现状进行宏观性的了解和全局性的把握，拓宽督导对象的全面认识。

在督导后期，督导通过与督导对象共同回顾、梳理整个实习过程和督导过程，评估彼此的成长与进步，帮助督导对象明晰角色定位、找准未来就业方向。

关于支持性督导

在督导对象实习期间，尤其是当实习任务与机构行政工作出现冲突，造成督导对象负面情绪堆积的时候，督导及时提供了情绪上的疏导和心理上的安慰，并且帮助其厘清两者之间的界限，引导督导对象思考如何平衡双方工作。

2. 督导过程

（1）引导督导对象与优抚对象建立关系

在整体的实习过程中，由于督导对象对优抚对象前期没有接触，一开始接触起来有距离感。而优抚对象中，很大一部分对于政策意见很大。督导对象在与之接触的过程中，常常出现无力感。

因此，首先，督导先通过让督导对象查阅相关文献，使其对优抚对象有初步的了解；同时，翻阅机构此前多年积累下的优抚实务相关文档和需求调研报告等，让督导对象对服务群体有大概的了解。

其次，通过个别督导了解督导对象在实务干预过程中遇到的问题，引导督导对象结合优抚对象的需求特点加以思考，建议督导对象通过面谈中的技巧运用来提升优抚人员的荣誉感，分散其过度纠结于政策的注意力，同时拉近彼此间的距离，建立专业关系。

最后，利用个案和小组的机会，把握理论和介入模式的选择，锻炼督导对象的介入能力，并及时对当中产生的问题加以引导和沟通，协助督导对象建立专业自信。

（2）协调机构与实习产生的矛盾

由于实习机构有较多行政性事务，而督导对象本身学校要求的实习任务也很多，两者之间常出现矛盾，造成督导对象任务量增多、情绪低落。督导了解这一情况后，通过理性情绪的梳理，帮助督导对象厘清双方之间的职责界限，同时引导督导对象找到机构事务与实习任务之间的交集点，从而更好地做好时间管理和任务之间的重要程度排序。

（3）正确认识间接服务

督导对象在开展实习之前，并没有系统地接触过督导评估培训类型的间接服务。而在一开始接触过程中，也因为角色定位不清晰，出现没法做好专业融入的现象，并认为间接服务与一线实务之间联系不大。

督导通过持续深入的督导或评估项目灌输，并在过程中对于如何开展此类服务进行专业化督导，引导督导对象反思直接服务与间接服务之间的关联度。同时，以宏观层面评估与微观实务相结合的方式，点面结合，更好地帮助督导对象在优抚领域深入了解，并找到研究方向。

（五）督导成效

1. 优抚实务能力提升

通过优抚个案、小组与社区三大工作方法的实践，督导对象对于优抚对象有了深入的了解，对于该人群的需求把握和服务介入实务技巧等方面都有了很大的提升，尤其是对于专业自信的树立很有帮助。

2. 增强了时间管理与资源整合

通过该阶段的实习，督导对象对于机构任务与实习任务之间的矛盾能够做到基本的厘清与协调，学会了时间管理，并且将多项任务整合打包，提升了工作效率。

3. 找准了未来发展方向

督导对象从一开始对于间接服务的不理解，到慢慢能够认识到其中的专业特性，再到现在喜欢间接服务，最终将未来发展定于此领域。

（六）反思

1. 督导过程中的正确引导

社会工作专业的学生在实习的过程中常常会出现书本与实务脱节的现象，这其实并不是书本内容的不合理或者实务工作不规范造成的，而是学生在融入实习生的角色过程中并没有得到正确引导而导致的。当社会工作专业学生遇到此类问题的时候，作为督导，需要提供精神和实务上的双向引导。首先是情绪上的抚慰，其次是针对实务问题的梳理。在这个过程中，是双方互动的，而不是单纯的督导说教。但这个过程也应该是督导来作引导，让实习生从不同角度和层面来看待问题，引发理性思考，最终达到自我反思、自我成长的目的。

2. 督导与督导对象的关系建立

督导与督导对象的关系建立类似于社工与服务对象之间的专业关系建立。好的专业关系建立有助于后续服务的推进。在与督导对象的相处上，也应该强调多样化模式的尝试与探索。例如一开始说教形式的督导方式，可能不仅不能够直接对督导对象起到教育作用，反而会引发其实务过程中累积的不良情绪。而运用启发式的督导模式能够让督导对象自己去思考过程中的亮点与不足，激发其内在动力，同时也能更好地起到督导作用。

七、一直在路上

在督导这条路上，我做了很多的项目，接触过很多督导对象，碰到过很多困难，解决过很多难题。通过社会工作督导，让我对“助人自助”这简单而深刻的四个字有了更多的思考和认识。很多时候，是我的督导对象教会了我在面对逆境时如何顽强不息，在他们身上，我看见了一种巨大的能量，是一种不退缩、勇于面对困难的能量，我感谢他们，感谢他们陪着我在督导这条道路上起步并且飞翔。

由于项目周期的关系，我的督导对象时常有人加入、有人退出。但不论时间长短，只要你曾经加入过，我就感恩彼此遇见的缘分和际遇。我也许不能面面俱到地帮助到每一位督导对象，但是，如果在工作的时候你们觉得累了，在督导后觉得温暖、有能量了，那我就没有白白在你们的社工之路上经过。

最后，分享一句我在督导的过程中经常会和督导对象说的话和大家共勉：“学必求其心得，业必贵其专精。”我们在做社会工作的过程中一定要有思考，既然选择了社会工作，那就享受好当下的每一天工作。

都说做督导是在帮助他人，其实，也是在帮助自己。在我身上，就成全了一个更加完善且快乐的自己。

第二部分

实务与管理并重的督导

我到底是不是一个真正的督导

王　尤

当督导不易，当好督导更不易。虽然业界对高校教师担任机构督导有这样那样的质疑，但是在社会工作发展初创期，对于社会工作专业化发展的推进，我们责无旁贷！

作者简介：王尢，女，陕西省社会工作协会副会长，西北大学社会工作系教师，中级社工师。具有西北大学政治经济学专业和香港理工大学社会工作专业双硕士。在近10年社会工作专业教学中，参与国家课题3项，主持省部级课题若干。在教学和科研之余，积极参与社会服务和督导学生实习，在学校社会工作、社区社会工作、司法社会工作以及医务社会工作等领域积累了丰富的实践经验。作为陕西省社会工作协会主要创办人之一，同时被其他社工机构聘为督导或理事。

关于社会工作督导的讨论和争议我看了很多，我也再次被深深引入到对这一角色的思考之中：社会工作的专业化离不开督导，督导角色的重要意义毋庸置疑。但是，对于我国社会工作发展的现阶段而言，谁来担当督导？具备什么样素质的人才能够担当督导？“见过猪跑”也曾“吃过猪肉”的我能否算一名合格的督导？不管答案是什么，我都自觉不自觉地走在成为一名督导的路上。这个路途有快乐，更有艰辛和无奈。

一、引言——学生的眼泪

作为一名大学教师，我首先要学习成为一名合格的社会工作实习督导老师。但是来自学生和学校的压力还是让我时常感到举步维艰。记得那是一年的实习季，我们想扭转以往的实习单位不专业、行政化的局面，希望引进一些更专业的对口实习单位，于是我们联系了一些社会工作专业服务机构，其中一家在城中村服务于外来务工人员子女的机构就被纳入了进来，有三个学生被安排在这家机构实习。

实习一周后，我接到了其中一名男生的电话，说在这个单位有些不适应想换地方，于是我和另一位老师第二天就赶到了机构了解情况。当我们见到学生们的时候，他们正在为中心的孩子提供服务，情绪还不错。我们就先跟机构的老师聊了聊，老师们觉得这些学生挺认真的，也已经跟他们开了实习准备会，给他们讲了实习安排。当我们把工作完的两个学生单独叫到办公室聊天时，学生们一个个说着说着就落泪了。经过耐心交流，我们明白了落泪的主要原因：一是工作地点离学校较远，虽然机构提供住宿，但他们仍坚持回学校住，因此路上比较辛苦；二是机构服务时间与自己的辅修课时间冲突，暂时无法调整好；三是城中村条件不太好，有同学反映吃饭不适应。当时已经有一名女学生请假没有来实习了，所以剩下的两个学生就更加待不住了。

看到学生的眼泪，作为督导老师的我们是很心疼的。但是我们内心也时刻不能忘记实习的目的，如果我们在他们面对可以克服困难的时候选择了无原则地保护，那么实习锻炼的意义在哪里呢？如果我们培养的是一些无法面对社会、面对服务对象的温室人才，这个专业对社会又有何意义呢？以往的经验也告诉我们，年轻人在这个时候需要的是引导和鼓励，往往在开始最抵触实习的学生，坚持完成实习后的改变和收获也是最大的。因此，我和另一位督导老师从“实际困难如何解决”着手，与学生一起讨论解决办法，看有没有可能克服这些困难。最后，两名学生自己讨论出了一些方法，能够很好地克服以上的困难。看着他们破涕为笑的纯真的脸庞，我们也感到非常欣慰。

似乎这是一个很普通、也很完美解决实习问题的小故事，但事实上，之后的变化还是超出了我们教师的能力范围。由于那个请假同学的坚持，学校最后选择让所有学生撤离了这个实习点。不过，令我印象最深刻的是：一年后，那名男生的毕业论文选题是“社会工作在城市外来务工人员子女服务中的实践探索”，并且在最后的毕业答辩会上，他真诚地感谢了我在实习中对他的帮助和引导，更表达出对未能完成实习的遗憾。

这个小故事至今令我记忆犹新，相信老师们在指导学生实习的过程中也曾看到过他们的眼泪，我们应该怎样去面对？除了对他们的关爱外，我想这其中也必须有作为一个督导教师的坚守、对一个专业实习制度的坚守，当然也会有关于学校管理制度的坚守。怎样才是最好的解决方法？也许只能让时间去回答吧！

二、如何成为督导者

（一）成为合格的学校实习督导

自从我调入学校的社会学与社会工作系，我便自然而然地担负起了实习督导的角色，凭着对学生的真诚和爱心，我自认为在实习中还是能帮助到学生们的。但是，随着他们在越来越专业的机构中实习，对实习中的困惑，尤其是专业理论、技巧，甚至价值观理解方面的困惑越来越多，没有太多实践经验的我感到了自己知识和经验的不足。于是“成为一名合格的实习督导老师”就成为我刚转入这个系的首要工作，而要想实现这个目标就必须不断地学习和实践。

2010年我参加了北京大学与香港理工大学联合举办的社会工作硕士研究生班，能有幸进入这个平台学习，主要得益于当时的系主任和院长对我的支持，当然还有我自己的决心。在向社会工作领域最前沿老师们的学习中，以及与来自全国各地高校及实务界的40多位同学的朝夕相处之中，我的世界观发生了非常大的改变。价值观、思维方式以及人际沟通模式的改变，让我感受到这个学科的魅力和价值。总体感受可以归纳为一个词——“温暖”。利他主义的价值观、质性研究方法的建构主义范式以及人与人之间坦诚信任的交流模式，都让我这个经济学背景的学生从开始的怀疑、争论到之后的尝试和信服。在两年多的系统学习中，我几乎放弃了所有节假日，而收获最大的不仅来自书本知识的阅读和积累，更重要的是香港理工大学的“做中学”的实践学习模式，我的实务能力在实习一、实习二和实习三中不断锤炼，在这个过程中真正让我看到了什么是社会工作，什么是社会工作的价值观，什么是专业的工作模式和技巧。

在求学的过程中，我除了继续承担本校的授课任务，也同时带领学生参与专业实习。两年多的时间，我能感到自己的成长。当学生们迷茫地问我：“老师这个小组方案怎么写?”“这个个案伦理问题怎么处理?”“与其他专业和工作人员相比，我们社会工作的专业性在哪里?”等问题时，我再也没有了以往的心虚和焦虑，我能很坦诚地接纳这些质疑，解答这些困惑，并引导他们去思考、去尝试、去“做中学”。

（二）成为一名机构督导

结束了香港理工大学 MSW 的学习之后，我又完全回到了日常本职工作中。除又增加了几门专业核心课程的授课，我没有了接触服务对象的机会。那些曾经服务的社区中的老人、贫困的妇女、农村学校里的留守儿童都成为我往日的记忆，不知为什么竟有种空落落的感觉。我非常担心长此以往，我又成为只会说不会做的“纸上谈兵”的老师，也担心自己学习这个专业的价值逐渐消失。

正如一些老师说的：“一个没有实践的社会工作老师不是一个合格的好老师。”因此，我把“坚持做一线服务项目”定为一个重要的目标，并开始积极寻找实践机会。2013 年，我参与了两个项目的服务，一个是李嘉诚基金会与中国社会工作教育协会合作的“宁养项目”，另一个是与本地检察院合作开展的“触法青少年帮教项目”。在带领学生参与项目的过程中，从设计、到服务、到评估，我们按照社会工作的专业模式在这些领域不断探索，总结出了一些基本模式和工作技巧。从 2014 年开始，我又在校内开展了新生成长工作坊，针对本科和研究生新生的个人成长尝试用学校社会工作的手法开展服务，也取得了较好的效果。在这一系列的实践过程中，我更加坚定了社会工作专业的老师要做实务的信念，也感受到自己实务能力和教学能力的不断提升。同时，因为香港理工大学在西部开展的“圆融计划”系列培训的契机，我开始尝试与机构合作。根据之前的实务积累，我慎重地选择了医务领域及司法领域两家机构进行合作，从它们刚刚起步创建就陪伴它们尝试开拓规范的服务模式，并推进机构的专业化发展。在三年多的陪伴中，机构在不断成长，在业界也越来越具有影响力，这期间也先后申请到了省级及省级以上的政府购买项目。

虽然在与机构合作中也有摩擦和困难，但是合作的成效是比较明显的。目前，我连续两年被机构聘请为专业督导，不仅帮助机构员工专业化成长，也帮助机构探索更规范的发展模式。同时，我个人也积累了一些一线的督导经验，不断尝试继续完善自己的机构督导能力。不知不觉中，我逐渐成长为一名本地机构督导。

三、督导的角色与困惑

实际上，回顾自己成为督导的过程，发现其实作为一名社会工作专业的高校教师，我们为了兼顾理论和实务研究，付出了比其他专业老师更多的精力和时间，也尝到了更多的酸甜苦辣。从督导的角色来看，我既担当过实习教育督导，也担当过服务项目督导和机构督导。不同的督导角色决定了督导内容、督导技巧、督导的困难都有所不同。以下就简单谈谈我的感受。

（一）实习教育督导

社会工作是一门实务性、操作性很强的学科，实践教学在社会工作教育中占据了重要的地位，而实习督导制度又是构成社会工作实习教育体系的核心内容，决定着实习教学的成败。我在成为社会工作教师的同时就被赋予了实习督导老师的角色，先后带领了多次本科生和研究生的实习，而恰恰由于在这些实习中面临的方方面面的问题和困惑，才使我决心要完整地学习社会工作专业课程，摸透如何成为一名合格的督导老师。因此，经过两年多的学习，2013 年我不假思索地选择了督导的题目——《中国高校社会工作专业实习督导模式研究——以香港理工大学与北大合办的 MSW 教育为例》，作为硕士论文提交给香港理工大学。文章从建构理论视角出发，运用长度访谈的质性研究方法，通过对同时身兼两种角色（督导者与受督导者）的高校教师所经历的督导学生的经验，以及在香港学习时自己受督导的经验进行比较和总结，建构出不同脉络下的督导模式，进而探索更适合内地高校社会工作专业的实习督导模式。

无论我的论文写作水平如何，但随着写作的展开，帮助我更深入清晰地思考了实习督导的发展、理论、不同地区实践的比较和反思，从而对我之后再次带领学生实习有了很大的帮助。我自己开始完整地整理实习的计划、规范实习文案、有目的地通过个别督导和团体督导指导学生更好地完成实习。在3年多的实践中，我带过的学生普遍反馈在实习中的收获很大，对社会工作的专业认同感明显提升。2015年开始，我还为研究生专门开设了实习工作坊课程，受到了普遍的好评。

在高校实习督导中，督导的职能也主要分为三个方面，即行政性、教育性和支持性。但总体而言，作为教师的教育及支持性职能是主要方面，教育性的职能主要体现在一方面要引导学生逐步提升将理论应用于实践的能力，另一方面学会通过对实践的反思逐步加深对理论的理解。支持性的职能就像文章开头所讲的故事那样，要及时给予学生在迷茫时的支持和引导。相较于前两个职能，行政职能相对少一些，实习安排和管理基本由学生工作管理人员督促完成。

作为高校实习督导面临的困难和教训也是很多的。这其中，如何与机构，尤其是不够专业的机构合作共同督导学生，就是一个令我很苦恼的问题。无论是我们这些刚刚开始发展的地区，还是成熟地区，相信在不知情或不得已的情况下选择此类机构实习的情况都曾出现过。总体而言，在学生实习中，与此类机构合作大概会遇到以下问题：一是机构督导完全缺失。由于这些机构处于刚起步阶段，机构内部工作人员很少，要么没有充足的督导时间和精力，要么就没有专业督导能力和制度。学生到这类机构中实习就会比较迷茫，什么该做，什么不该做都会不断地询问学校老师。二是令学生产生无力感。在此类机构中实习，由于一些管理人员的价值观不到位、专业能力几乎没有，实习学生被当成“专家”，整日帮机构设计、实施各种项目。作为还未走出学校、能力有待提高的学生，他们普遍反映压力过大，有心无力。三是令学生开始怀疑社会工作的专业性。由于一些机构正在申请或执行项目，急需完成工作量，不排除有一些机构采用了不规范的操作模式，学生纷纷向我们提出：“课堂上再三强调的社会工作的专业性和价值观在哪里？”他们甚至在实习结束后，丧失了在这个领域工作的动机。因此，选择专业的机构是做好实习督导的基础。

（二）项目督导

能够成为一名项目督导，是因为学校一位老师承接了某社区的一个社会组织服务项目，从设计计划书开始，我就与他达成了指导学生完成该项目的督导协议。虽然我督导的似乎还是学生，但我在这里面的角色不再是教师，而是成为协调帮助准社会工作者（学生）、社区居委会、承接项目的社会组织及社区居民志愿者共同完成社区活动、打造和谐社区的项目督导角色。

在陕西四社联动背景下，我们期望通过此次社区服务实践活动，探索出社会工作专业完整参与社区治理的新模式。项目历时近一年时间，主要经历了前期、中期和后期三个阶段。项目前期，通过需求调查（问卷加入户访谈）不断完善社区全年服务项目的设计内容，包括志愿者培训、大型社区活动、老年群体小组活动等。项目中期，对各个方案的实施跟进督导，包括文案修改、个人及小组定期督导、协调各方资源等。项目后期，进行总结评估，包括总结反思、基线调研、过程及成效评估、写总结报告等。值得欣慰的是，所有参与过本项目的人员都一致肯定了社会工作在社区服务中的专业性和有效性：作为准社会工作者——执行项目的学生认为，此次实践使他们在社会工作的理论学习及实践能力上都有了长足的进步；社区居委会表示他们在与我们团队的合作过程中脑洞大开，拓展了很多新思路、掌握了不少新方法，对今后开展本社区的工作有很大助益；社工机构的管理者也认为自己很好地学习了在社区服务观理念下的社区服务模式；社区志愿者则在多次的活动参与中表达了他们的参与热情和积极性，为推动形成该社区志愿者服务机制打下了良好的基础。

在项目督导中，由于所有的督导内容都是围绕项目进行的，所以主要的督导职能集中在——如何使项目顺利进行上。行政性的督导工作主要是：督促执行者如期执行计划、提交计划文字资料、准备相关活动资料、链接各方资源等，此时督导者更像一个项目执行监督官员，把控项目各阶段的顺利进行。教育督导职能主要体现在当执行者能力不足时，或有相关知识和技能短板时，督导及时以最高效的办法教授给他解决方法或快速学习方法。而在这个任务导向型督导过程中，支持性职能虽然也有，但使用的程度还是相对较弱的。

在此次项目督导中，同样还是遇到了一些困难。一是如何处理项目中各合作方的角色问题。由于是在社区完成服务，居委会的角色非常重要，很多时候其他各方都已做好准备，但是由于社区的不作为或临时有其他安排而大大延后项目的进程。而机构的角色也会出现不和谐的声音，为了完成任务，尽快结项，常有机构想要干预项目合理流程的情况，与社会工作者之间也产生了一定的矛盾。作为社区项目重要参与者的社区志愿者，在相当长的时间中也缺乏主体意识，没有发挥自身的角色，动力不足。所以，准社会工作者（社工专业学生）在工作中将大量的时间和精力投入到协调各方关系上，核心工作的开展非常不易，这也给督导带来了很大的挑战。二是督导与项目一线执行者角色的双重性问题。在项目督导中，项目执行人的能力是一个很重要的影响因素，当执行人能力有限时，为了保证项目的进展，督导就需要亲力亲为。如何分清督导与执行者的角色界限也一度令我比较苦恼，有时甚至感觉自己成了项目的直接一线服务者。三是督导效果的可持续性问题。项目结束了，督导的工作告一段落，但是，如果仅依靠项目期内的督导服务，往往很难保证督导效果的可持续性。对处于发展初级阶段的机构和员工的个人成长而言，短期的项目督导我认为是很难保证效果的持续性的。只有当机构发展到了较为成熟的阶段，员工也具备了基本能力，此时具有针对性的短期督导才会发挥较好的作用。

（三）机构督导

机构的督导主要是从我对两个新机构的陪伴开始的。前面已经提到，根据我曾主持过的项目经验，以及应该担负填补陕西省社会工作服务领域空白的责任出发，我先后陪伴了一家医务社会工作机构和一家司法社会工作机构的成长。由于西部内陆地区外来督导十分有限，同时与西方文化差异也比较大，因此，我认为本地督导的陪伴对机构刚开始的发展还是很有必要的。既然都是社会工作专业机构，它们其实都有发展的共性：培养社会工作的专业价值观和伦理，掌握社会工作通用的专业技巧和方法。在实践中，我认为专业价值观的培养尤为重要，是必须先于技巧和方法的。价值观是公益类社会组织的发展之本，尤其对社会工作类社会组织尤为重要。在陪伴中，我与机构共同探索，逐渐厘清了它们发展的愿景与目标，树立了机构在该领域的专业性。在两年多的陪伴中，这些机构从一个员工发展到三四个员工；从拿一些小的基金会项目到连续获得政府购买项目，且项目规模不断扩大；从业内的默默无闻到行业的独树一帜……虽然，它们还需要走过很长的发展之路，但是作为同行的督导和陪伴者，我还是从中获得了很强的成就感。

在机构督导中，督导要发挥的作用应是全方位的。行政性、教育性和支持性的作用缺一不可，且同等重要。根据我的督导经验，正像一些专著中所说：行政督导相当于机构管理层中的中层行政人员，起到承上启下的纽带作用，直接与一线社工及机构管理者打交道，协调沟通、促进机构工作的高效性。教育督导的目的在于协助机构社工自我及专业发展，类似于专业的教育者，要对员工传授专业知识和技巧，培养专业伦理，提升员工知识储备和理解能力，从而端正他们的专业态度。支持性督导的功能则重在维持社工的士气和工作满意度上。既要维持员工的专业价值感、对机构的归属感，也要通过自己的人生经验给予他们情感上的支持。这些作用发挥的顺序与督导的定位有很大关系，作为一名高校教师，我首先看重及擅长的是对员工专业价值和技巧的培养，其次是对员工职业认同感的培养，最后才是对机构管理效率的提高。因此，我在机构的督导中就选择了先教育督导，再支持性督导，最后行政督导的渐进顺序。虽然也总结了一些好的经验，但是这个顺序也给我带来了一些困扰。

首先，行政督导职能难于发挥。由于对行政督导的定位不是很清晰，开始我选择了回避，希望机构自己发展和解决内部问题。但是，结果是支持性功能与教育性功能越来越难以实现。我发现诸如项目不能按计划推进、员工离职等问题最终都缘于行政管理制度的不完善。现在我越来越意识到行政性督导职能是非常重要、不容忽视的。但是，怎么与员工协调行政指令？怎么给管理者提建议才不被认为是干涉？这个度我还在尝试与探索中。其次，机构中受督导者的职业稳定性较差，督导感觉在原地打转。督导最怕的是什么？是没有成效。尤其是目前在督导成效评估体系还不完善的情况下，最直接的打击就是正在督导的社工离职。一方面，感觉督导支持性功能没做好，没面子。另一方面，更令人苦恼的是：总是做新员工的督导，机构员工服务能力一直很难提高，总在原地踏步。最后，督导评估机制的缺乏，督导动力不足。由于缺乏有效的督导评估机制，使督导无章可循，似乎暂时没有压力。但是压力与动力是并存的，这也带来督导动力不足的情况。机构对聘用督导的作用心里没底，督导也无法证明自己的能力。这就造成了督导聘用制度无法推广，机构找熟人督导，机构看职称、职务聘任督导的怪现状。一些地区把教授或处长作为聘用标准，我也只能对此表示很无奈。

四、对社工督导的感悟与反思

在文章开篇我就问过："我到底是不是一个真正的督导？"我一直在反思这个问题。根据目前国内为数不多的制度——深圳市《初级督导选拔考核管理办法》，对于参选初级督导的条件有 5 条：深圳市注册社会工作者，社会工作专业及其相关专业本科以上学历，取得助理社会工作师或以上职称，具有半年以上的见习督导、见习督导候补人员的工作经验，3 年以上督导助理工作经验。那么具有社会工作硕士文凭、从事多年社会工作专业教学，拥有中级社工师资格证，以及 7 年社会工作实习督导经验和若干年项目及机构督导经验的我，应该是一名督导或初级督导吧！但我还是无法肯定。无法肯定并不是我无能或谦虚，而是没有相关制度保障和市场的认可。在落后的西部地区，几乎没有督导职业角色的生存之地。目前，这里只有为数不多的机构听说过督导，更少的机构聘用过付费的督导，少之又少的机构聘用了社会工作专业的督导。不能被承认和聘用的督导，能够自信地宣称自己是督导吗？我只能说，我们还需要耐心地等待这种职业自信土壤的成熟。

最后我想根据这几年一路走来的督导探索，谈几方面的反思：

（一）专业价值思考

这方面的感悟是最为深切的，督导服务中价值观的培养是最核心的目标，如果合作机构和受督导者始终无法建立起社会工作的专业价值观，这不仅是督导者的失败，也会令受督导者的成长或机构后续的专业性发展堪忧。在构建价值观的过程中，我们要面对的实际上是一个复杂的价值体系的碰撞和塑造过程，这其中有环境脉络的价值观体系，即社会文化价值观、社会工作机构的价值观、专业社会工作的价值观；也有个人的价值观体系，即社会工作者的价值观和服务对象的价值观。无法处理好价值体系中各自的相互关系，就会出现很多的冲突和问题。

其实在督导的过程中，笔者直接与服务对象接触得较少，主要的价值冲突来自受督导者和机构价值观的不一致。而就笔者个人经验而言，笔者认为机构管理者的价值观很重要。虽然，"求同存异"是笔者待人接物的重要信条，但与机构管理者具备共同的社会工作价值观的坚守是不可动摇的合作基础。如果发现合作的机构管理者真的不具备、也不打算具备社会工作的基本价值观，那么离开是笔者认为比较好的选择。在我们的生活中，有那么多可以做的事、可以帮助的人，选择能够让双方变得更好、更专业的合作伙伴是非常明智的决定。

（二）文化能力思考

机构选择督导到底需不需要重视属地文化背景？唯我国港台地区督导专家论，在西部地区是否行得通？深圳和广州督导模式是内地最早推出的，也是通过先引进港台地区督导，进而带动本土督导发展模式的较为有效的尝试。虽然目前这种模式也在一定程度上被诟病，但是我认为还是有一定参考价值的。那么这种模式在西部地区是否可行？内陆的地理环境所带来的不仅仅是交通的不便、经济水平的差异，我认为西部地区与东部地区最大的区别主要是在地方管理理念和政策环境上。没有开放的思想和灵活的制度，西部地区督导制度怎么发展目前还是一个谜。目前，陕西已经有一些机构尝试效仿东部的督导先行模式，但值得我们关注的是，其中有一些机构聘请了所谓的港台地区督导，但是这其中很多督导根本不能保证定期实地督导，他们不了解本地文化、本地政策环境，甚至对机构管理者真正的价值观和服务模式也根本不了解。这种督导模式，笔者认为更多的是各取利益，至于服务对象最终能得到什么，考虑得很少。当然，也有一些成功的例子，但是你只要看看这些督导是怎样持之以恒地奔波于两地，甚至不断拿自己的钱一直扶持机构的发展，为服务对象提供专业的服务时，就会知道这种模式在西部建立非常不易，成本和支持要非常充足，督导的专业精神更是成功的关键。

（三）实务能力思考

督导重在实践，要求必须具备很强的实务能力。这不是职称或职务等级高就能解决的问题。因此，如何确保督导专业水平的不断提高，是我一直在思考的问题。一方面，督导要有实践的机会和能力，同时也必须具备愿意付出精力的奉献精神；另一方面，督导也需要一个能不断学习提升的环境。目前，深圳、惠州、东莞三地的社工督导培养模式主要是：徒弟跟班式的深圳模式和学院式的广州模式。前者需引进有经验的外地或境外督导在本地开展一定时间的工作，本地见习督导跟着观察和学习；后者则可以通过短期引进有督导经验的老师进行系统培训授课，进而通过考核认证督导能力。我觉得两种方法单独在西部地区开展都是有一定弊端的，要么经费过高，要么效率低时间长。综观全国督导培育思路，笔者粗略地规划了一种把两者相结合的模式：外地督导授课占一部分，本地督导实地跟进训练占一部分的双督导培育模式，这样既能降低培养成本，又能尽快带动本地督导互助团队的建立，从而有效推进本地社会工作专业化的发展，也真正把西部本土督导人才的培养引向制度化。

当督导不易，当好督导更不易。虽然业界对高校教师担任机构督导有这样那样的质疑，但是在社会工作发展初创期，对于社会工作专业化发展的推进，我们责无旁贷。愿意实践、思考和奉献的我们，甘愿做吃螃蟹的人，在艰难中奋斗探索。同时，我也愿意看到当本地督导制度规范化发展后，优秀的一线督导逐渐取代我们的角色，共同为我们的服务对象提供更专业的有效服务！

忆社工那些事
追督导成长印迹

毕兰凤

人生就是一段生命历程，用不同的生命故事诠释着人生的意义。18 年前大学本科我选择了社会工作专业。8 年前，又是一段缘起，让我真正走进了社会工作实务领域，一切都充满欣喜、好奇、痴迷、亲切，我的社会工作实务是从接触“督导”工作开启的，坦白地说：“我是在不懂督导的时候开展督导工作的。”如今，在这条道路上我已走过了第 8 个春秋，我和我的伙伴们相惜相随，一串串足迹见证着安徽社会工作的发展。

作者简介：毕兰凤，女，1982 年 2 月生，中级社会工作师，从事社会工作实务 8 年。安徽农业大学人文社会科学学院实验教学中心副主任、社会工作专业督导，兼任合肥市蜀山区民生社会工作服务社法人、理事长、督导，合肥市爱邻社会工作服务社理事、督导，安徽省社会工作（者）协会督导专家团队成员。“全国社会工作优秀人物”、民政部第二批“全国社会工作领军人才”。

依稀记得，2010 年 5 月的一天，我接到社工专业毕业生 TK 的电话，她当时是 MS 机构唯一的一位全职社工，给我打电话是想和我谈学校这边社工实习生合作事宜。聊完之后，我对 TK 说："我想去你们那儿做志愿者!"TK 一本正经地告诉我怎样加入他们的志愿者队伍，并给我发送了他们有关志愿者申请的表格，我也丝毫没有怠慢。几天后，我就带着填好的表格去 MS 机构面试，接待我的是机构创始人周 SIR，周 SIR 给我讲述了机构的情况，并希望我以"督导"身份加入他们的团队。这便是我从事社工实务的起点。后来，周 SIR 成了我在社会工作实务领域的同事，再后来 MS 机构的法人也换成了我。所以，故事的开始有些戏剧性，注定着结局值得期待!

人生就是一段生命历程，用不同的生命故事诠释着人生意义。我大学毕业时并非真正理解社会工作的内涵和意义，而自己却一如既往痴情于它，就像生命中遇到了那个重要的"他"。8 年前，又是一段缘起，让我真正走进了社会工作实务领域，一切都充满欣喜、好奇、痴迷、亲切，所以除了学校正常的工作外，我的工作精力几乎都投入在社会工作实务工作中。因为与自己高校教师身份有关，所以，我的社会工作实务是从接触"督导"工作开启的，坦白地说，我是在不懂督导的时候开展督导工作的。如今，在这条道路上我已走过了 8 个春秋，时间不短不长。8 年里，每个足迹都有一段故事诉说，一串串足迹见证着安徽省社会工作的发展。抑或是说，这些年，我有幸和我的伙伴们一起见证安徽省社会工作的发展。

一、遇见社工，我便成了督导

在开始的故事里，我说我的督导经历开始比较戏剧，因为我刚想走进社会工作实务领域里，甚至对职业社工的工作充满好奇时，我便成了督导。

如果再回到2010年，如果周SIR再次邀请我做督导，如果现在让我再做一次选择，我会很乐意但不敢贸然答应。回首往事，故事的镜头却是这样记录着：

MS机构是合肥工业大学周SIR领衔创办的，2009年5月开始筹备，2009年11月注册成立，是安徽省最早创办的社工机构，也是当时唯一招聘专职社工开展服务的机构。该机构以社会工作介入社区居家养老服务地为主，服务地点是老龄化人口比例偏高的主城区蜀山区琥珀街道。截至2010年5月，MS有全职工作人员3名，其中2009年入职1名，另外2名都是2010年刚入职的高校毕业生，而机构筛选的高龄空巢服务对象多达150户，除了社区提供的一间办公室和共用的会议室外，志愿者和社区其他支持系统几乎没有。当然，前面提到从学校毕业的3名专职社工，她们除了对社会工作有认同，确切地说，应该是有些特殊感情，说认同，其实那时的她们也并不深刻理解社会工作的价值观，也并不了解做一名合格的社工需要具备什么质素，一个观点、一门课程甚至老师的一句话足以让她们对这个行业好奇。一切工作从零开始，周SIR把握着整个方向，还需要不断地和政府沟通，精力自然有限。这就是当时机构发展的情况。

2010年，我已工作5个年头。但无论是站在三尺讲台，还是深入基地指导学生实习，总感觉缺少一种力量支撑自己在学生面前表达对社工的美好憧憬。虽常和学生聊“社会工作的春天”，笑称我能感觉“社会工作春天的脚步声近了”，但也未感受到“社会工作的春风拂面”。记忆随着火车轮滚动到2006年，我在出差南下的一趟列车上，看到新闻上提到“建设一支宏大的社会工作人才队伍”，心情激动溢于言表，引来邻座乘客一片惊愕。十六届六中全会关于社会工作人才队伍建设的决定，是我们业内引以为傲的事情，这是不争的事实。随后，关于社会工作的政策福音接踵而来。在政策利好的情况下，当时有很多高校社会工作专业的教师，心情可能和我一样，时常会感到茫然，因为政策和现实的距离似乎有些遥远。学生在实习基地仍无法发挥专业角色和特长，课堂引用的案例需自圆其说。面对职业化走在专业化之后的社会工作境遇，对于专业情怀的社工老师来说，应该都有打破“黎明前黑暗”的冲动。

可谓众里寻他千百度，蓦然回首在眼前。所以，能加入 MS 是我职业人生中最幸福的事情之一，也是我职业的重大转折。虽然周 SIR 当时邀请我以督导者的身份加入进来，我能感受到他是要将一份重任交付给我，而不论我能否肩负，都找不到拒绝的理由，因为我在心里已呼唤过千百次。

我就这样以个案督导的角色出现在他们的工作团队中，每周和周 SIR 一起参与他们的工作例会，跟进他们的家访工作，其中，批阅社工的家访记录成为我工作的重头戏，而真正需要支持的个案很少。

工作伊始，没有为了建立关系而设计督导流程，也没有制订专门的督导计划，一切以解决问题为出发点，督导内容主要以教育受督导者为主，我多半扮演教师的角色，以传道解惑为主；有时，也会扮演前辈的角色，直接为他们出谋划策。

那时，MS 机构还没有项目化运作的概念，对服务只制定了一个方向，用社会工作的理念和方法介入社区居家养老，关于社区居家养老的需求仍以规范性需求为主。由于落点社区养老资源匮乏，甚至缺乏老人集中活动的场地，除社区随机走访外，家访就成为社工与社区老人及家庭建立关系和了解他们对社区养老需求的重要手段。所以，早期社工的工作任务就是家访。我开始接手督导工作时，社工就在会上提出她们工作中遇到的困难。她们发现周期性家访的谈话主题无法拓展，谈话内容的重复率高，或者只能单方面听一些健谈的服务对象滔滔不绝地倾诉，不能做到很好的反馈，甚至无法恰当地中断服务对象的谈话。

社工在工作例会上提出问题后，我们迅速形成有关老年服务中家访技术处理的讨论议题，集中时间和精力探讨这一议题，与社工的督导工作关系在默契中形成，没有特别强调我们开始进入集体督导环节，也没有强调我的督导者身份，工作程序上采取快闪式，无须预约督导时间，无须提出督导申请。那时，我首先引导每位社工说出自己对访视工作的理解，让她们介绍访视前所做的准备工作，查阅了她们访视记录等服务资料，很快发现以下问题：服务记录表格设计不合理，不能很好地反映社工工作流程、工作要求和内容。现存的服务记录方式主要以社工个人经验和习惯为主，记录内容未作统一规范要求，记录资料的存档和利用价值不高。另外，社工对访视资料信息分析运用能力较弱，因此，随着访视频次增加和程度的加深，社工就失去了在家访沟通中的主导性，加上本身经验不足，沟通技巧的实务迁移能力较弱，导致访视成效不明显。

我们一边澄清需要解决的问题，一边提出问题解决方案，针对此次议题，作出如下处理：一是现场互动并回应需及时处理的问题；二是计划在半月内给社工开展一次关于访视技巧及注意事项的培训；三是要求每位社工准备 10 分钟关于“访视对我们工作的意义”的主题发言；四是要求每位社工采取脚本式记录方式做一份记录，便于了解个别化问题；五是直接跟进每一位社工，跟进问题与服务，便于及时作出调整，同时培养我的协助者；六是重新设计访视和服务记录表格……回忆这段经历，让我明白了一个问题，原来我还没来得及思考如何做督导，便已置身其中，反倒没有思想的压力了。就像我做母亲的经历一样，因为不小心提前一个月羊水破了，就被家人送到了急诊室，待我清醒时，有一个小男孩乖巧地躺在我身边，我便由一位准妈妈变成了妈妈。

如同新手妈妈一样，我必须使自己强大，才能带着她们一起成长，所以，学习、沟通和思考是我前行的三大锦囊，通过不断沟通确认需要解决的问题，通过各种方法收集有效资料，尝试各种方案试行效果。如上面提出重新设计机构现有的表格文档，建议将实务工作中的一系列任务行动和要求通过表格条框内容加以设置，来指引她们的工作思路和操作规范，社工们非常赞同，这样她们的工作思路也许会变得清晰。但试图让她们自己试着去设计，后期再一起完善定稿，几双懵懂的眼睛对着我，似乎告诉我这对她们来说是个不小的挑战，最终只好由我亲自来设计，交由她们试用、复核，最终讨论、定稿并使用。就这样，我们先后一起制定、完善了《服务对象基本信息表》《访视记录表》《访视记录简表》《个别服务记录表》《个案服务流程表（套表）》《活动策划表》等工作表格。

《访视记录表》中，首先，将访视目标设计为必填项；其次，注意填写观察结果，再记录访视过程，一般情况下访视过程记录可采取叙述法；最后，社工要预估问题，提出解决方案以及是否请求督导支持。即便是初学者，也能够根据表格文本指导工作流程与任务要求，访视不再变得很茫然。因为在不同阶段，她们有了不同的工作目标，在做文字记录时更加用心，互相交流时心得越来越多，慢慢养成了访视前查阅记录的习惯。她们通过访视前查阅，审视下一次的访视目标，逐渐找到了工作中的方向，不再去和服务对象简单重复地聊天，也不再视家访为工作任务，会不自觉地自我督察访视的成效，将目标实现法作为成效评估的方式之一。即便访视不成功，也会自我识别问题所在，并相应作出调整或再寻求支持。

因为总有一些具体的工作需要指导社工们怎样去操作。作为一名为老年人服务的社会工作者，在工作中总会遇到意想不到的苦恼。比如，有拒绝不了服务对象热情的烦恼，有服务对象不接纳服务的困惑，还有服务对象突然离世的打击……引起我对社工个人情绪的关注是缘于一位社工无法接受她服务对象的离世，除了对她个人情绪的支持外，团队开始关注与生命相关的主题。同时，引导社工之间的互相支持。因为人少，大家都尽最大努力工作，情绪支持工作我做得相对较少，日常督导主要运用PBL（Problem – Based Learning）方式解决工作中出现的问题，其他的被忽视了，如同社工感慨有两位老师在手把手带着她们往前走，而对我而言，则在自己最大的能力范围内，给予她们榜样和力量。

其实，对于任何一个新机构的新人来说，服务经验和技巧都需要时间的积累和岁月的磨炼，一个想坚持走下去的社工是不会缺少技能学习的机会的。督导的工作就是为她们指引前行的方向。

随着服务对象的家门一户户打开，社工的心也被服务对象叩开了。多样化的问题，多元化的需求，大大增强了社工对职业的存在感和认同感。可当社工发现能正常吃上一顿热乎的饭菜，对老人家来说是一种奢望时，对社工来说，帮助也变成了奢望，无助感不由袭上心头。社区没有合适的资源利用，找不到理想的合作伙伴，我们只好找街道，希望街道支持我们探索社区养老服务体系，创社区居家养老服务示范点。正是这一想法得到了街道和社区的支持，改变了我们发展的处境。为了赢取独立运作空间，发挥社会组织的力量，创新社区服务管理，周 SIR 推动街居搭建社会工作服务平台，在社区成立社区社会工作服务站，构建“两委两站”的社区服务管理架构。其中，街居的社会化服务平台委托给 MS 来运行，开创社区养老服务社会化运作的新模式。街道加大岗位社工购买力度，由原来的购买 1 个岗位社工扩大到 4 个再到 7 个。同时，MS 和街道也改变了之前完全“嵌入式”的服务合作方式，MS 承接街居两级社会化服务平台并采取项目化方式进行合作。这一模式获得了社会的关注和领导的认可，得到了进一步的推广，合肥社会工作也在悄然发生着变化。也是在此时，周 SIR 为了推动合肥社会工作的更好发展，让我接任 MS 机构的法人及管理工作。

二、随遇机构，我在历奇中推动督导

接任 MS 机构法人的事情，周 SIR 在 2011 年年底的时候就开始找我谈，其间又和我谈了很多次。坦白地说，我拒绝了好几次，犹豫了很久，因为深感力有未逮，不胜其任，所以迟迟不敢答应。直到后来，不能不让我去作决定了。

话说 2011 年，是合肥市社会工作发展的转折年。前面有所追溯，MS 机构是安徽省内最早从事社会工作介入社区养老服务的社工机构，经过两年多的努力，MS 机构在琥珀街道社区养老服务项目中取得了积极进展。机构围绕社区老人在健康照顾和精神慰藉等两方面存在的普遍需求，建立了以社工机构为核心的支持系统，成立了琥珀街道老年便民送餐服务中心和整合驻地资源成立了老年便民维修中心和老年健康服务队。挖掘社区热心居民成立好邻居爱心服务队，组建定期慰问老人的友好探访队，社工按照老人的需求为其提供“服务套餐”。同时，社区的闲置房也被充分利用起来，行动方便的老人在社区里找到了“家”的感觉，社工经常组织他们开展生活安全预防、健康预防、慢性病患者同伴教育和各类兴趣小组活动。此外，对于行动不便的老人，通过电话就能叫到他们想要的服务，社工会定期上门或组织志愿者上门探视，或提供喘息服务，或为其家庭提供照顾技巧支持服务。

为了适应社区养老照顾的现实需求，MS 机构在组织框架上增设了一个服务实体部，专门配合社工为老人提供健康照顾方面的需求。当年我们将这种社区养老服务模式提炼为“1+3”服务模式，即以社工为主导，社区人员为支持，养老服务人员为支撑，志愿者为辅助的服务模式，这种模式得到合作单位的认可，双方开始洽谈其他社区服务的深入合作方式。2011 年 5 月，我们推动蜀山区琥珀街道社区成立了社会工作服务中心（站）。随后，蜀山区西园街道、三里庵街道社区社会工作服务中心（站）相继成立。同时，“1+3”社区养老服务模式也得到合肥市包河区有关部门的关注，结合当时包河区实际需求，MS 机构支持并孵化了合肥市爱邻社会工作服务社，于 2011 年 11 月在包河区正式成立，周 SIR 义不容辞接下了发展爱邻的重任。随着爱邻新机构业务的发展，周 SIR 肩负的任务亦越来越重。同时，也为了推动社工机构的良性竞争业态发展，周 SIR 要把 MS 机构移交出去的想法更加坚定，我是接替其工作的“潜在对象”。

我钟情于社会工作，这一点我毫不掩饰，也从不怀疑自己。但我不得不承认，在周 SIR 没有推动合肥社会工作“场境”如此变化之前，我对社会工作的理解仅局限在微观视角下，对社工机构的管理认知也是一片空白，而且经过自我觉察分析，我不擅长管理沟通。所以，我从内心是抵触排斥的，主观上不愿接受周 SIR 的邀请。

转眼到了 2012 年，合肥社会工作继续保持良好的发展势头。2012 年 10 月 28 日，MS 机构理事会换届调整，我正式从周 SIR 手里接过 MS 的法人及理事长的重任。这是我个人社会工作实务生涯的一个重要转折点。

暂不探讨机构负责人和社工督导的关系了，对经历过社会工作“个人助推式自发成长”的实务工作者来说，遇到机构负责人肩负督导的现象应该再正常不过了。这和社会工作“政策助推式发展”的发达地区督导机制的形成有些区别，因为我们督导发展的外部机制不成熟，内生发展就变得极为重要了。就像我从 MS 的一名督导到机构负责人，不是我已经成长，而是机构发展需要有人成长。

2012 年，MS 机构在外部环境的变化下迎来了发展的一个关键年。为了机构的发展，我们不得不“拔苗助长”了一批机构管理者，甚至包括机构的总干事。面对全新的工作挑战，其实每个管理者都需要支持。而我们面对的尴尬如下：一是机构没有经费支持我们聘请外部全职督导，二是机构面对的外部挑战较大，不适宜聘请外部兼职督导。所以，周 SIR 在繁忙之余，责无旁贷地承担起 MS 机构的督导工作，而我也算是其中的受益对象之一。

我是经常“蹭”周 SIR 督导的受益者。周 SIR 每周会被邀请参加我们机构的例会，共同帮助我们探讨一些棘手的问题，尤其是有关服务方向的把控、服务思路梳理、服务资源整合方面的支持等。他每次会议结束后会给我们分享他一周和各部门、各组织接触到的最新信息，以及他对社会工作发展态势的预判。最值得敬畏的是，他对社会工作发展的前瞻性以及对社会工作实践的推动力。每次周 SIR 陪我和总干事对接街道等合作单位时，总能在传统的行政服务管理里不断发掘社会工作介入的优势，不断推动着安徽省社会工作实务领域的纵横发展，影响着安徽省社会工作发展外部“场境”的积极改变。

有一点值得庆幸，在机构治理理念和定位方面，我们的观点是一直没有大的分歧的，这可能是周 SIR 比较放心地把 MS 机构交给我的一个最大的理由。但当时的我确实没有做好充分的准备，困难不比预想的少。虽然有周 SIR 在前面引路，但当时的我，犹如身处在撒哈拉大沙漠中心，只能在黑暗中捕捉到遥远彼岸若隐若现的灯火，似乎前方有希望在召唤我，但现实的风雨总是模糊了我的方向。

我遇到的第一个挑战是与合作方的有效沟通。合肥社会工作的发展在较长的一段时间内都呈现出“自下而上”的特征，直到 2013 年 10 月，合肥市委、市政府出台了社会服务“1 +4”政策，才在一定程度上打破了这一局面。所以，在这之前，我们坚持不懈地主动和有意向的街道以及区民政部门谈合作。由于社会工作是新生事物，所以对沟通者提出更高质素要求，而我对社会工作的宏观运作机制方面缺乏见解，基本无法代表 MS 机构独立出去谈判，周 SIR 只好仍兼任 MS 对外的代言人，而我和总干事只是随同者与学习者。

2013 年，MS 机构迎来了发展的一年，而我们却站在了机遇与挑战的十字路口。MS 承接运营的蜀山区琥珀街道、西园街道社会工作服务中心，对社区服务管理体制的创新受到蜀山区民政局的高度认可。2013 年，蜀山区民政局率先出台了《蜀山区镇街（园）社会工作服务中心运营方案》，在全区 11 个镇街（园）全面推进社会化服务平台建设，由镇街（园）成立社会工作服务中心，并在区民政局备案。委托 MS 机构运作，由区民政局向 MS 机构购买社工派驻到各个服务中心，每个中心派驻 1 名社工，每个中心根据社区居民迫切服务需求和自身服务资源优势由 MS 社工设计项目。

MS 能迎来这样的发展机遇，是机构所有员工翘首以盼的。若能抓住发展机遇，机构会迎来发展新天地，也会推动社会工作外部环境的发展。MS 机构在没有人才储备的情况下，陆续招聘社工派驻到各新中心开展项目，并招纳到一名从发达地区回合肥具有服务经验的社工担任管理岗，负责所有新中心的行政管理与服务支持。其他两个中心仍按照原来的管理模式运作。我的督导工作除了针对老年领域的社工，也开始转移到服务中心的团体督导上，因为整个中心建设与运营的定位和目标非常重要，我们希望通过 MS 运营社会化服务中心能推动社区社会服务社会化和专业化发展。我们在居民参与度不高、社区社会组织不发达的情形下构建社区服务体系，难免陷入复杂且挑战性大的困境。在资源不足的情况下，社工作为多种角色接替者，甚至做过“送餐员”“家政保洁员”等工作。我曾经称这个时期为本土社会工作发展的“大社工”阶段。在这个非常时期，一些社工开始怀疑自己的专业角色定位，MS 机构开始出现第一批人员流失的小高潮。既然不能阻止人员流失，我们就通过督导培养了一批认同者和同行者，他们后来也成了机构的骨干。事实证明，那只是社会工作在社区服务本土化、专业化发展过程中不可逾越的一个阶段而已。

随着新中心的陆续成立，我也逐渐担当起机构负责人的角色，开始独立承担一些对外的合作谈判，必要时以电话方式请求周 SIR 支持。前期区民政局已经召集我们召开了三方协调对接会，我需要负责和各个街道对接签订服务落地协议，协调解决办公和服务场地的支持工作，然后交由社工开展项目。新事物的发展总不会一帆风顺，社会工作在社区工作者中普及程度不高，社区工作者对社会工作的认可度较低，出现了对社工工作支持不力等情况，甚至由于受到传统观念和行政力量的牵制，导致很多服务活动出现延误或走样的现象，造成社工的成就感不强。此外，由于“一中心一社工”的要求，社工需要面对行政和服务双重工作，对刚毕业涉世不深的新社工来说，不免时常感到挑战和孤立，甚至开始动摇她们从事社工的信念。由于新中心数量较多，且分布较散，各中心遇到的困境不同，即便管理支持者不停地给各中心“救火”，有时也爱莫能助。另外，由于各个中心服务重点不同，项目涉及领域广泛，新社工所需支持不同，一个管理者在精力上无暇顾及所有社工个人和项目服务的督导。

项目周期只有一年，很快就到了尾声。经过一年的试点推行，最终只有两个街道愿意和我们继续合作，我们的服务区域也只好从原来的 2 个服务中心增加到 4 个服务中心，新中心的工作人员流失了一半以上……这些沉甸甸的问题敲醒了我，也开启了我无数个不眠之夜，内心的愧疚和失落感油然而生。

长风破浪会有时，直挂云帆济沧海。这是我个人成长的信条，也给了我继续前行的动力。对于我们社工来说，反思是我们成长的重要方式之一。令人欣慰的是，我们的服务在整体上得到了第三方评估机构的较高评价。为此，我们专门开展了同伴督导，参与对象是各中心的服务主任和有 6 个月以上服务经验的一线社工，督导方法采取“头脑风暴法”，最后聚焦在服务模式、服务经验、服务感受和项目评估四个方面。服务经验值得总结之处不少，意外发现她们在接受项目评估过程中对服务和运作管理的理解受到了很大的启发。后来，我们还邀请了深圳具有社会工作实务经验的老师给我们做了督导。最后，我们决定将 4 个服务中心作为发展的新机遇，在管理层达成“社工人才是核心，项目是生命力，规范管理是保障”的共识，并将这三项工作作为机构发展的中心任务，通过分工协调，完善了机构的行政、人事、财务等制度；制定了项目进度管理、服务管理、档案管理、风险管理等项目管理执行制度；在机构内部开始遴选具有项目经验的社工作为督导助理的培养计划，一方面提炼总结了机构项目服务经验，另一方面为其他社工提供情感和经验支持，这便成了机构内部督导培养模式的新起点。

三、遇知专业，我坚守社工信念做好一名督导

也许是船小好掉头，MS 在狂风骤雨中历经曲折仍找到了航向，并在自己的航线上勇往直前地行驶！我，义无反顾地做着舵手！直到 2015 年，MS 机构这只破壳而出的小鸟终于可以展翅在高空翱翔，我开始犹豫是否要放手让他们自己搏击长空？时至六七月份的时候，我身体遇到一些状况需要休整，MS 机构的日常行政不得不交给成长的管理团队去负责，我主要以督导身份参与支持工作，接受了机构督导部交给我的督导任务。这个阶段，机构在督导方面已经形成了一套制度和规范，每个社工可以根据自身从事的领域和岗位自主选择有意向的督导，经督导部确认后，按照督导部的工作流程要求，申请和开展督导工作。

高校教师创办社工机构担任管理者是本土社会工作发展特定时期的产物。我已经说不清这一次转身的真正使然，而我有幸经历了安徽本土社会工作发展的历程，但社会工作发展的明天注定要由一批有热忱、有担当的年轻社工去铸就，我们只是随行的引路人。

早在 2013 年，安徽省社会工作（者）协会获中央财政支持失独老年家庭社工关怀服务“怡养家园”示范项目，我有幸被邀作为项目督导支持安庆地区社工开展服务。督导工作得到了安徽省计划生育委员会的高度认可和支持，将合肥、安庆地区列为怡养家园“社工服务示范区”，并决定 2014 年将在全省其他地区按照督导示范区和服务拓展区模式稳步推广怡养家园计生特殊家庭社会关怀项目，我和另一位同事负责皖北地区的督导。

当时我们督导的主要任务体现在两方面，一方面是推动当地计生特殊家庭社会关怀服务能规范有序有效开展；另一方面是推动当地社会组织和社工人才的发展。我们督导的地区计生特殊家庭社会关怀服务都是当地计生协会自己承担服务，一些地区发展了少数志愿者协助工作；协会整合资源的能力较强，与当地的企业建立了联系，给计生特殊家庭提供以物质生活帮扶、医疗救助为主的服务，也有个别地区推动了计生特殊家庭的医院绿色通道政策与服务，基本发挥了协会自身的功能。但针对计生特殊家庭的个性化需求，尤其是心理与精神方面的需求，涉及较少，或者基本缺失。所以在督导过程中，我们通过培训当地计生干部、社区专干，介绍服务示范区的经验，普及计生特殊家庭的问题及需求，以便精准后期的服务方式方法。经过一年多的努力，我们看到曾经泪流满面的服务对象能够平静甚至带些激动地描述自己的生活现状，学会了如何摆脱睡眠的障碍，学会了如何开始社会交往，在那些“劫”日里不再孤单，开始体验“节”日的氛围。

2014 年，安徽省民政厅社工处开始实施以品牌项目撬动全省社工服务的新篇章，打造了“共享阳光”“成长相伴”等一批当地知名的“江淮社工行动”项目。为了实现以品牌带动社会工作服务机构和社会工作人才的成长，同时提出组建督导团队为社工发展保驾护航，省社工协会承接了“江淮社工行动”项目督导，在全省高校招聘具有实务经验的教师组成督导专家团队，我作为其中一员参与了督导工作。省社工协会通过和督导教师签订服务协议，明确督导的目标以及对督导的权责范围与任务要求，以确保服务取得预期成效，具体督导流程与安排由督导和机构双方协商后决定。

毫无疑问，不同场境中的督导工作会呈现出差异性，无论从督导关系、督导类型还是督导功能等都有所区别。比如作为“怡养家园”皖北地区的督导，从被督导对象来看，我更多被视为专家，督导类型倾向咨询式督导，发挥着教育的功能。在“江淮行动”督导中，我印象较为深刻的是第一年的督导，机构与督导之间保持着较大的距离，存在将督导视为行政监督者的现象，督导申请的主动性不够。而在机构和“怡养家园”中央财政项目中，是我个人比较认可的一种状态，我和社工之间能建立常态化的督导工作机制，按照事先约定，我们会有常规督导。遇到特殊情况，会申请特殊事项督导以及通过网络、电话等方式开展必要的督导。从督导功能看，基本呈现出一条涵盖教育、行政和支持的功能曲线图，曲线图会随时受到社工个人特质、工作经历、专业素质、项目服务、团队支持甚至督导自身等多重变量的影响。

我们要做的不是去争论孰是孰非，而是坚定一种信念，恪守职业操守，推动的不仅是制度，更是影响“人”的改变；改变的不仅是被督导对象，还要推动社会工作场境的利好发展。而在特定的时期，督导自身要做到个人觉察和社会觉察的统一，不断完善提升自己，扮演好行业风向标的角色。

而我，作为一名社工督导，正在迎风的方向，或进或退，一直在路上！

那些年
“我们”一起成长的故事

李志伟

相当长的一段时间里，我把一线社工称作“他们”，以此来彰显我作为督导者与他们作为受督导者的主客体关系。那段时间里，他们像胆怯的孩子一样无条件地接受着我的“教育”，不敢有任何反对的话语。慢慢地，我发现他们虽然“长大了”，但自己却与他们渐行渐远，没有机会再聆听到他们内心的声音和呼唤，无法再看到他们充满自信和期待的眼神。我与他们“形似路人”，他们失去了主体性，成为我的“他者”……

作者简介：李志伟，男，35岁，讲师，社会工作硕士。2004年毕业于云南大学人文学院社会工作系，2009年毕业于香港理工大学应用社会科学系。2004年进入山东建筑大学社会工作专业任教，讲授社区工作和青少年社会工作等专业课程。现为山东建筑大学法学院社会工作与社会管理教研室主任，研究领域为社会资本与社区治理。2011年10月至今，先后担任济南市社会工作协会理事和专业督导，济南市建达社会工作服务中心执行总干事、项目督导和副理事长，济南市社会工作专家委员会委员等社会职务。

济南社会工作的职业化进程开启于2009年。这一年，济南市民政局在全省率先探索政府出资购买专业社工岗位的社工人才队伍建设模式，陆续向济南山泉社工服务社购买专业社工岗位22个。2011年，在充分总结前两年岗位购买经验基础上，济南市民政局委托济南市社会工作协会具体承担政府出资购买专业社工岗位的工作，严格择优录取了80名优秀社工，他们被分别派驻到民政、妇联、科协、司法、残联等部门开展岗位社工的工作。也正是在2011年10月，在山东大学张洪英老师的推荐下，我被聘为济南市社会工作协会首批7名社工督导之一。从专业意义上来讲，这是我督导历程的开始，所以我的故事就从此讲起吧！

一、岗位社工体制下督导者的迷思

对于一名当时29岁的年轻老师来讲，能够被聘为首批济南市社会工作协会社工督导，无疑是非常幸运、兴奋和充满自豪感的，但也感觉到些许压力和惶恐。幸运的是，自己在理论和实务能力均相对欠缺的情况下，被张洪英老师推荐成为督导团队中的一员，我相信这是当时很多社工老师梦寐以求的机会和平台；兴奋的是，自己能够有机会亲身参与到刚刚开启的济南市社会工作发展的职业化进程之中，成为历史的创造者与见证者；自豪的是，自己所受过的社会工作本科和硕士教育以及那几年对社工实务的积极参与和探索，获得了大家的认可、信任。参加完督导聘任仪式之后，我默默告诉自己：从零开始，努力学习，一定要做出点成绩来。

“岗位社工”这个名词最初是在深圳市社会工作试点进程中出现的，即是指社工在经过社工协会或机构的招聘后，被派驻到不同的政府部门去开展工作，例如司法、妇联、团委、民政等部门，社工在这些部门配合原有的工作人员一起开展工作，在这个过程中，社工根据自身所具备的社会工作理论和实务技能在工作中更多增加社会工作的元素，以有效发挥社会工作者的专业社会功能。当时，我负责督导社工协会中的 12 名岗位社工，他们分别被派驻到市慈善总会、各区民政局、市殡仪馆等单位中的职能部门和业务科室从事岗位社工的工作。这种嵌入体制的发展模式非常具有创新性的制度设计，社工不仅可以在这些关乎困难群体社会福利服务的政府部门发挥自身的专业价值观与服务优势，同时也可以通过自身的示范去影响这些部门原有人员工作理念与方法的转变，甚至可以运用社会工作行政和研究的方法推动相关部门修订和完善有关困难人群的社会福利政策，可谓是传统社会工作理念与手法和现代社会工作理念与手法的有机融合，共同促进。可美好的愿景与现实的限制往往是共存的，甚至是残酷的。

在第一次实地督导前，我精心地安排了督导的时间、地点、议题及流程，并系统准备了督导议题所需的价值、理论与方法的知识。可是在督导过程中，我发现自己单独确定的督导议题，脱离了社工的工作实际和需求，整个督导过程变成了我一人的“独角戏”，社工的参与度和回应非常有限。经过反思得出结论，有效督导的前提是回应被督导者的问题与需求。于是，在接下来的第二次、第三次实地督导中，我安排社工们通过讨论提前确定督导主题，可是我又发现这些主题中很多不属于专业社会工作督导的内容范畴，但确实是他们在工作中遇到的现实困难。无奈之下，我开始努力学习社工所服务部门的业务内容，并从自身有限的工作经历和人生感悟出发，给他们以适切的督导回应。

经过多轮实地督导和邮件督导之后，一系列阻碍岗位社工专业功能发挥的因素和困境，得到一些改变，但是收效甚微。首先，派出方和派驻方对岗位社工的定位存在偏差。岗位社工实行的是由派出单位和派驻单位双重管理的体制，而双方在社工的角色和功能定位上存在事实上的差异（也许表面上是相同的）。派出单位希望派驻单位能够将社工安排在有关社会福利服务和社会福利政策制定的部门中发挥社工的专业服务和政策倡导优势，而实践中大部分派驻单位则将社工派驻到了那些最缺人手的部门中以缓解这些部门的工作压力，无视和浪费了社工的专业优势，就好似“社工像一块砖，哪里需要就往哪里搬”的状态。在督导中，部分社工多次向我反馈的所在部门与社会工作关系甚微、频繁调换工作部门等问题，我一方面对社工进行支持性督导，疏解他们的不满情绪，给予他们必要的心理和情感支持；另一方面也尝试多次与派驻单位领导进行沟通，希望能把社工安排在最有助于他们专业服务功能发挥的岗位上。领导们虽然表示会尽量调整，但却碍于单位人手不足、不够重视等主客观原因，迟迟未能有效解决，那是我作为社工督导第一次感受到巨大挫败。从那时我想，在岗位社工体制不成熟和制度设计有缺陷的情况下，社工督导是很难为社工争取更科学、更合理的部门和岗位安排的。

其次，社工面临非常大的行政工作压力，无暇开展专业服务。岗位社工在派驻单位被分散安置在不同部门，而且皆是一线行政工作的主力，需要处理部门的文字编辑、公文写作、后勤等各类行政工作，而这些行政工作又与社会工作行政的内容相距甚远（在相当长的时间里，很多人错误地把普通行政工作等同于社会工作行政）。他们每天局限在办公室里，没有机会聚在一起讨论服务项目的设计，更没有机会接触服务对象，专业服务基本无从谈起。记得那时我和每个派驻单位的社工们一起讨论，协助他们结合所在单位的职能和业务属性，分别撰写了一份社会工作服务项目书。也许，从现在来看当时的项目书还很稚嫩，但项目的主题、服务体系的设计还是很具有可行性的。无奈限于岗位社工面临的繁重行政工作压力，绝大多数项目近乎夭折，没有能够顺利实施。剩余项目也仅仅停留在表面文字上，蜻蜓点水般地点了几下，完成量不足十分之一就终结了，不禁令人惋惜。

最后，体制内的行政文化在悄悄改变着社工们，使部分社工慢慢地被行政化了。我们希望社工们要坚守专业使命、价值观与伦理守则并且在工作实践中努力践行，可是体制内的行政文化过于强大，使身在体制内场域中的岗位社工不得不作出改变，从工作内容、工作方式、言行举止上变得越来越像一名机关工作人员，离社会工作的专业文化要求越来越远。他们中有些开始习惯于处理日常行政事务，差点就要忘记了自己作为一名社会工作者的职业身份。如果他没有清楚说明自己是一名岗位社工，那么你很有可能认为他是一名行政工作人员。那时我想，如果这种“职业忘却”或“职业迷失”状态一直持续下去，社工的专业性如何体现？没有了专业功能的发挥，岗位社工在部门中会不会慢慢地被“边缘化”？等到岗位社工制度发展越来越规范和社会工作项目化运作逐渐成为主流时，他们的前途在哪里呢？

诚然，任何事物都会经历从无到有、从不完善到完善的发展过程，我们一定要辩证统一地看待。虽然存在诸多要解决的问题和困境，但是岗位社工的发展模式在很大程度上推动了济南市社会工作职业化的发展进程，对于缓解社工毕业生的就业压力，提高政府对专业社工发展的重视，扩大社会大众对专业社工的认知度发挥了重要作用。岗位社工在面临诸多困境的情况下所做的专业社工服务探索和努力，虽然比较有限，但却为今后推动社工项目化运作积累了初步经验，奠定了初步基础。在这两年的过程中，我深切感受到了作为督导者和岗位社工面临的希望、挣扎、失落、无助、无力等多重复杂情感并存的现实境况，更加认识到科学、合理、可操作性、有约束力和监督力的制度设计对于社会工作职业化的科学健康发展是多么的重要。

虽然有过很多“迷思”，但我深知，这个时期的督导经历在我的生命历程中弥足珍贵，是我人生成长中非常重要的部分。我要感恩很多人，感恩协会领导提供给我担任社工督导的机会，感恩派驻单位在督导过程中给予的支持和理解，感恩岗位社工们对我的接纳、理解、包容和支持。不经历风雨，怎能见彩虹？

二、项目化运作体制下我们的历练与成长

2012 年 4 月，在我们学院领导的大力支持下，我与其他几名专业老师一起在济南市民政局注册了一家社会工作服务机构，并担任机构理事和执行总干事。在第一年时间里，我们带领和指导社工专业的学生在学校附近的济炼社区探索性地开展老年人和青少年服务。2013 年 7 月，机构争取到了社工协会的两名派驻社工，并获得了时任学院分管副院长王淑华教授的一笔个人捐助，机构的项目化运作由此正式开启。此时的我，身兼执行总干事、项目负责人和督导老师多重角色，与社工一起分别在济炼社区和学校开展社区老年人文化建设服务项目和学校青少年能力建设综合服务项目。虽名为督导者，却只拥有有限的项目经验，社工们更是一张白纸，甚至不知项目为何物。那一整年的经历，至今历历在目。许多年以后时任项目社工的高大伟、韩金笛与我见面，三人仍会热血澎湃地分享当年携手奋斗的故事。从 2014 年 7 月至今，我又相继督导了由机构负责实施的“缘来一家亲”济炼社区失偶老人服务项目、“成长部落”历元学校青少年综合服务项目、“银龄安居计划”盛福花园空巢老人居家安全服务项目、“彩虹桥”绿景家园空巢老人社会支持与介入服务项目、“睦邻益家”社区社会组织培育与发展服务项目、“银龄伙伴”城市空巢老人社会支持系统建设服务项目、“敦亲睦邻”黄金 99 社区文化建设服务项目、“先锋领航”山大路社区党建引领创新社区治理服务项目等 10 多个社会工作专业服务项目。一路走来，有太多难忘的经历值得叙说，有太多复杂的情感想要表达，在这里就选取一些片段和大家分享吧。

针对刚入职的新社工，他们对于如何开始一个项目所知甚少，督导应采用师徒式督导给予他们多一些引导、支持、陪伴、同行和示范。2013 年，机构老年人文化建设服务项目开展初期，我安排两名社工用 3 个星期的时间了解分析社区并与部分老年人建立关系，以便为后续的需求评估、项目设计打下基础。第一周他们详细地查阅和分析了居委会的各项统计资

料，获取了对社区的整体性或者说数据性认识，他们很满意自己的工作，我也觉得做得非常不错。可是第二周他们的工作马上就停滞了下来，经常一整天坐在办公室里对着电脑一筹莫展，原因是不知道如何进一步深入了解社区和怎么样与社区居民建立关系。当时，我非常气愤，对他们的“无为”感到失望，但通过及时的换位思考后马上就平静了下来。我相信他们很想把事情做好，只是经验不足。我督导社工说，社工的活动场域应主要在社区里，在居民之间，而不是在办公室里。我们应走出办公室，走到社区中去想办法。接下来的几天，我带着他们通过“社区行”绘制社区地图，获取了对社区的自然环境、地理位置、大小街分布、居民楼栋分布、经济活动状况、现有社区服务情况等直观性认识；通过街头随访认识了一些老大爷、老大妈，跟他们拉家常，倾听他们谈论社区的过去与现在，特别是社区中正在发生的有趣和令人愤怒的事，询问他们在文化活动方面的具体需求。在一次社区行中，我们发现了十几位阿姨组成的广场舞队伍，我和社工们勇敢地介绍自己并请求加入广场舞队伍，受到了阿姨们的热烈欢迎。接下来的第三周里，社工们就是在持续的社区行、街头随访和跳广场舞中度过的。第四周开督导会的时候，两位社工口若悬河，畅谈这 3 周的工作收获与反思，通过他们的分享，我已经清楚地明白了他们圆满完成了督导布置的任务。这段经历告诉我，当督导面对新入职的社工时，不能仅仅从理论层面告诉他们该做什么以及怎么做，更要从实操层面给予其必要的带领、同行和示范。只有这样，他们才能更快地进入工作状态并收获到工作的成就感、价值感。

项目实施过程中，涉及有关专业价值与伦理的关键问题，督导者必须有坚定的立场。2014 年 7 月，机构成功申请到了民政部 · 李嘉诚基金会“大爱之行”项目 10 万元资助，历下区民政局同时给予 10 万元项目配套资金，在济炼社区实施“缘来一家亲”失偶老人服务项目。由于那段时间我辞去了执行总干事一职，再加上本职工作比较繁忙，项目前期的督导工作交由另外一名老师负责。项目实施的第二个月，社工们策划了一个失偶老人社会交往支持小组（共 5 次），邀请我去参加第三次小组活动观摩。那天参加小组活动的有 15 名老人，整个小组活动的流程安排合理，活动内容切合交往主题，组员的参与度很高，活动效果非常棒。在活动结束后的督导会上，我向社工询问这 15 名老人中失偶老人的数量，社工们若无其事地说有 2 人。接着我问社区中有多少名失偶老人，社工们自信满满地回答 65 人。天啊，项目出大问题了，这是一般老年人的支持小组，还是失偶老人的支持小组呢？社工们看到我的表情后很诧异，反问我小组的问题在哪里。原来，社工们以为小组中失偶老人所占比重并不重要。我向他们解释道，小组服务对象没有聚焦到失偶老人这一项目直接受益群体，有跑题之嫌。即使是协助失偶老人拓展与非失偶老人的社会交往，小组中失偶老人的比例也至少要占一半。服务对象是否精准聚焦到预定群体，这是一个项目实施伦理问题，关系到能否通过严格的第三方评估，更关系到预定服务群体的需求能否被有效地满足。为什么会出现这样的小组成员构成呢？原来是在设计小组成员招募海报时出了问题。社工们认为"失偶"二字具有很强的敏感性，他们担心在海报中直接写出"失偶"二字将无法招募到小组成员，所以就去掉了这两个字。我对社工们的担忧表示理解，但并不认同他们草率去掉"失偶"二字的简单做法。可想而知，来参加小组活动的老年人根本不知道这是一个失偶老人支持小组。那如果他们后来知道了小组的类型和目标，则会对社工们产生什么样的情感和评价呢？双方好不容易建立起来的信任合作关系，还能得以维系并发展吗？依据社会工作伦理的要求，社工有责任告知服务对象小组活动的主题、类型、目标、内容和工作方法。考虑到在中国传统文化中"失偶"二字的确具有一定的标签性内涵，我和社工一起想到了一个替代性的方案：以后类似小组或社区活动招募海报和现场横幅的设计，用"单身（没有了 TA）"代替"失偶"二字。从那开始，项目中各小组和社区活动的服务对象越来越聚焦，似乎很好地解决了"失偶"概念的选择和使用困境。但直到现在，我都不认为这是一个很妥当的处置方案，因为这可能会导致社工与老年人集体有意识地回避"失偶"这一现实处境以及此处境给服务对象带来的诸多困扰，从而使得有些客观的显性问题进入隐性状态，所以这种做法可能依然存在较大的专业伦理和项目实施伦理问题与风险。

社会工作服务项目的服务内容一定要紧扣项目主题，服务体系要合理健全，服务对象应保证充分的覆盖率，服务要达到一定的频次和数量要求。2016 年 1 月，机构开始在盛福花园社区实施由历下区民政局购买的“银龄安居计划”空巢老人居家安全社工服务项目，项目经费 20 万元。这是在没有督导老师指导的情况下，完全以机构社工为主体撰写项目申请书并成功获批的项目，我打心里为他们感到高兴、欣慰和自豪。当时我想，经过两年的社会工作项目历练，社工们终于成长起来并可以独当一面了！为了充分发挥他们的主体性，前一个月的项目实施我没有及时跟进督导，而是交由他们自己来做。可是好景不长！在第二个月的首次督导中，我发现社工们举办了穿珠、面塑、合唱团等兴趣类的小组和社区活动，服务内容与形式基本脱离了项目主题。在那段时期，机构正面临着关乎生死的发展困境，这个项目的实施成效将直接影响到来年机构可争取到的项目资源。面对当时的境况，作为机构副理事长的我大发雷霆，没有给他们解释的机会，大声质问为什么开展这些看似有意义但却与项目主题“风马牛不相及”的活动。接着，我就开始扮演传统教师的角色，以一种“专家”的权威姿态，不容讨论地向他们系统讲述居家安全概念的准确内涵和具体维度，带领他们重新梳理并修改项目计划书中的服务体系设计部分。项目的实施方向被我及时拉回到了正轨，可是我发现，从那以后社工们开始害怕见我。在两个月之后的一次督导中，我又发现社工们的职业倦怠感慢慢浮现，3 个项目社工在 1 个月的时间里只开展了 2 次小组活动、1 次社区活动，服务的频次和数量低得有些可怜，还有服务只覆盖到了 30 名空巢老人（社区中共计有 150 名空巢老人），服务对象覆盖率明显偏低。诚然，依据项目的实施规律和逻辑进程，服务频次和服务对象覆盖率的确有一个由低到高的发展过程，但此时这般境况实在令我难以接受。我再一次大发雷霆，然后运用手中掌握的行政权力专制地规定社工每周必须完成的服务类型与数量，并且要求他们通过持续地入户探访与更多的空巢老人建立关系，邀请他们参与项目的服务。

我的“努力”似乎收到了奇效，在历下区年中和年底的第三方评估中，项目皆取得了优异的成绩。但是，我能感觉到自己和社工们在这一年里并不开心。因为那段时间里，我把一线社工称作“他们”，以此来彰显我作为督导者与他们作为受督导者的主客体关系。在这种视域下，我“毫无顾忌”地运用自身的知识权威强制他们作出我所期待的改变和成长。那段时间里，他们像胆怯的孩子一样无条件地接受着我的“教育”，不敢有任何反对的话语。慢慢地，我发现他们虽然“长大了”，但自己却与他们渐行渐远，再也聆听不到他们内心的声音和呼唤，再也无法看到他们充满自信和期待的眼神。我与他们“形似路人”，他们失去了主体性，成为我的“他者”。这份反思、愧疚、心痛与自责，直到项目结束后两个月，我才有勇气直面并与社工一同诉说。他们听完我的分享后，差点流出了眼泪……

在实践中，基于问题视角下的主客二元督导关系，彰显着权力地位不平等和督导者的话语霸权，使社工们感受到越来越强烈的无能感和自卑感。而优势视角下互为主体的督导关系，能有效激发受督导者的发展潜能和主体性，协助他们实现自我增能。2017 年 1 月，机构在盛福花园开始实施由历下区民政局购买的“银龄伙伴”空巢老人社会支持系统建设服务项目。基于对上年督导经历的深入反思，我加强了对社工的持续性督导支持，并且摒弃了以师徒式督导和管理式督导为核心的督导方式，转以咨询式督导为主。我不断提醒自己要善于发现社工的优势和潜能，重视督导的过程目标，努力学习运用开放空间会议和世界咖啡馆等参与式方法和技术，积极探索参与式督导模式，以激发和提高社工们的主体性。我们一同分析项目实施过程中存在的逻辑性、体系性和专业性问题，一起讨论制订解决问题的方案，通过平等沟通与对话促成共识。渐渐地，我发现自己不再将社工们视为“他者”，我们达到了某种“视域融合”。这一年，团队的主动性、凝聚力和工作热情有了质的改变，项目创新力不断涌现，陆续开创了“爱满老屋”和“重游老地方”等多个服务品牌。看到“我们”有如此正向的改变，我倍感欣慰和自豪。

三、督导过程中督导者多元社会角色的张力

社会角色（Social Role）是在社会系统中与一定社会位置相关联的符

合社会要求的一套个人行为模式，也可以理解为个体在社会群体中被赋予的身份及该身份应发挥的功能。在现实生活中，每个人的角色都是多元的，对多元角色内涵的认知与辨别是我们进行正常社会生活和建立和谐人际关系的基础。社会工作督导是社工专业训练的一种方法，它是由机构内或机构外经验丰富的资深工作者，对机构内新进入的工作人员、一线初级工作人员、实习学生及志愿者等，通过一种定期和持续地监督、指导，传授专业服务知识和技术，以增进其专业技巧，促进他们成长并确保专业服务质量的活动。毋庸置疑，督导内容的丰富性（行政性督导、教育性督导、支持性督导等）和多样性，决定了督导者角色的多元性。在督导实务中，督导者需深入理解各个角色（包括管理者、使能者、教育者、支持者等）的准确内涵，且能够根据不同情境下社工的差异性需求、所在岗位和个人特质等因素，选择适切的角色丛并进行有机整合，才能达到良好的督导效果。实践证明，整合督导者的多元督导角色本就不是一件易事，那如果我们又同时拥有诸多与督导者并列的角色，而且这些角色关系现实地存在于督导者与受督导者之间，这将会出现怎样的张力与挑战呢？

从 2012 年 4 月到现在，我在机构中扮演的从来就不是一元的督导角色，而是一个由创办人、决策者、管理者、督导者、大学教师、社工专家等多元角色交织在一起的角色丛。角色丛中包含着多种关系类型，如上下级关系、同事关系、朋友关系、师生关系、督导关系等。有些关系是相对平等的主体间关系，而有些则不可避免地体现了地位和权力的差异。机构创办人角色使我对机构有一种天然的使命感，我希望社工们能像我一样对机构持有较强的责任感，不能仅仅把自己看成机构的员工，而要有一种主人翁意识，认识到自身利益和机构发展的辩证统一、相辅相成；机构决策者和管理者角色使我尤为重视提高机构运作的制度化和规范化水平，关注员工能否积极落实机构的各项决策和遵守机构的各项规章制度，是否按时、按质、按量完成机构所分配的工作；机构督导者角色又要求我充分重视和善于发现社工们的优势与潜能，积极建构优势视角下互为主体的督导关系，协助社工实现自我增能。就像一枚硬币拥有两面一样，任何社会现象皆有其正负两方面的功能。这些多元角色在一定程度上保障了督导建议的及时落实，促进了机构和项目的高效运行，但角色丛对我提出的诸多差异性的角色期待和规范，也同时影响着我和社工们之间在不同场域中的相处模式，有时甚至使我深陷于角色冲突或角色混淆之中。在不同情境下，面对不同的工作任务，我经常需要在多个角色之间游走，而社工们也被迫不断变换自身的角色，这其中的感受真的是五味杂陈……

我曾做过很多尝试来处理上述困境，但直到现在依然没有找到理想的处置方案，只能尽可能努力将角色张力降到最低。我在想，有关督导过程中督导者多元社会角色的张力，有没有可能是一个伪命题？或者说只是发生在我身上的一个个案？或者说是一个不可能完全避免的问题？如果不是，那这样的困境能不能解决，又该如何有效地解决呢？

不断尝试的突破之行

刘巧丽

在工作面前，态度决定一切。没有不重要的工作，只有不重视工作的人。不同的态度，成就不同的人生，有什么样的态度就会产生什么样的行为，从而决定不同的结果。

作者简介：刘巧丽，中级社工师，二级婚姻家庭咨询师，深圳市中级督导，深圳社工学院明星讲师团讲师，深圳市南山区社会组织评估委员会委员。2009年初开始在深圳从事社会工作，先后服务社区、司法及社会救助领域，此外也曾多次参与厦门、郑州、佛山及中山等地社工服务项目评估与督导工作。

一、引言

三个工人在砌一堵墙。有人过来问他们：“你们在干什么？”

第一个人抬头苦笑着说：“没看见吗？砌墙！我正在搬运着那些重得要命的石块呢。这可真是累人啊……”

第二个人抬头苦笑着说：“我们在盖一栋高楼。不过这份工作可真是不轻松啊……”

第三个人满面笑容开心地说：“我们正在建设一座新城市。我们现在所盖的这幢大楼未来将成为城市的标志性建筑之一啊！想想能够参与这样一个工程，真是令人兴奋。”

10 年后，第一个人依然在砌墙；第二个人坐在办公室里画图纸——他成了工程师；第三个人，是前两个人的老板。

在工作面前，态度决定一切。没有不重要的工作，只有不重视工作的人。不同的态度，成就不同的人生，有什么样的态度就会产生什么样的行为，从而决定不同的结果。

社会工作，一个服务于人类心灵的职业，需要社会工作者关注个体的差异，在平等、尊重、优势等价值观和视角之下，与服务对象建立良好的关系，促进服务对象自我增能及改变，最终通过个体的不断成长以带动社会的和谐稳定发展。而服务中社会工作者对自我职业的态度，即认同和喜爱也决定了个人服务的成效及职业的发展。作为行业的先行者和带领者，督导对社会工作行业的职业认同的重要性也更加凸显。正如前面第三位工人所说，我们正在参与的是一个新兴的行业，它服务着社会各类有需求的人士，它的存在推动着社会的和谐稳定，它的发展助力着中国梦的腾飞。想想能够参与到这样一个行业的工作，真是令人兴奋呀。

心之所向，方能拼尽全力，最终对所倾注的事业一往情深。

二、督导历程

常言道12年是一个轮回，从2005年9月开始接触社会工作，四年学习之旅，四年一线服务之路，五年督导之行，站在与社会工作相遇的第二个轮回的开端，回望过去，庆幸每一段经历都变成了我更好地走下去的经验，让我的这份社工事业蒸蒸日上。

总是有很多的服务对象问我，在这样一个还不太成熟也未被大众普遍熟知的新兴行业中，你是怎样坚持到现在的？梳理一下我的社工历程，相信能给大家满意的答案。

（一）四年的社会工作学习之旅

在四年的大学社会工作专业学习之旅中，让我记忆最深刻的就是“助人自助”和“用生命影响生命”两个词。那时候接触更多的是书本理论及老师的不断教导，并未从真正意义上去体会过这两个词，但是它们却深深地影响了我的价值观。一份职业在帮助别人的时候也能帮助到自己，让别人和自己都能变得更好，让社会变得更美好，它是多么的崇高和伟大，也许就是那个时候的英雄色彩让我在价值观里早早就已深深认同了这个职业，努力做一名称职的社工成了我的追求。现在还记得大学时期，在哈尔滨的社区居委会进行社区调研，在哈尔滨轴承集团进行企业社会工作的专业实习，虽然内容稍有空泛也略微带着懵懂，但是当时服务单位虽然对社会工作了解不多，却还是愿意给我们提供尝试新兴职业的机会，让我看到了社工行业发展的希望。

（二）四年社工实务的践行之路

很幸运在大学毕业之际，深圳社工行业开始萌芽发展，让我的社工生涯找到了沃土并得以茁壮成长。2009 年 3 月，刚来深圳的时候，社工行业虽已发展了 2 年，但岗位也并未如现在这般供过于求，至今仍深刻地记得和同学们一起面试、待岗、租住在城中村睡地铺的那段日子。200 元的待岗工资，协助机构做社区宣传推广活动，写活动方案甚至写标书，就这样差不多半年，很多同学来了又走了，秉承一份对四年专业学习的坚守，庆幸自己留了下来。第一份正式的社工工作，我被派驻在街道司法所（信访办）上岗，每天与各类上访群体打交道，与行政工作人员一起解决各类辖区信访纠纷，最直接的接触是经常与打拼在这个城市最底层的务工人员一起，我被他们的艰辛和在社会上相对弱势的发声及维权能力所触动。作为名副其实的社会工作者，我可以在工作过程中真正地协助他们，可以与他们一起去争取自身权益。当然，我也曾迷茫和动摇过，但看到服务对象的问题得到解决后的那一张张幸福的笑脸时，我慢慢变得坚定。同时，在从事社区和司法领域一线岗位期间，我负责管理 8 人的团队，并于第二年开始协助香港督导工作。其间带领团队将社会工作专业技巧与用人单位的信访、调解及应急处理相结合，更好地帮助来访者纾缓情绪，理性处理问题，大大地提高了信访案件的成功率。在 3 年多的时间里，共计处理了日常信访案件 800 余宗，并协助相关部门开展了辖区大厦火灾之后的应急处置、建筑工地事故处理等重大事件，获得了用人单位及上级部门的认可和肯定。

作为深圳社工行业发展初期的一名社工，很幸运能直接接受香港督导的指导。在香港督导近 3 年的熏陶下，对他们专业精神的钦佩以及对香港社工成熟发展的了解，让我看到了行业以及自己未来的发展前景。此外，由于我的第一份社工工作隶属于司法调解领域，通过与社会的基层建设者们打交道，协助他们争取自己的合法权益，获得应有的劳动报酬，也让我在服务过程中获得了对自身工作的认同感和满足感。尤其在工作后期我参与了一些社区危机干预，协助民警成功挽救了他人生命的时候，我更感受到作为一名社工的自豪感和社会对这份职业的需求。以上种种都激励着我义无反顾地走下去，并将此作为毕生努力奋斗的事业。

（三）五年成长，不断尝试的突破之行

2013年1月1日，在机构和香港督导的栽培及团队伙伴的支持下，通过深圳市社工行业协会的选拔，我从督导助理正式荣升为初级督导，开启了全新平台的社工职业发展。也就是从那个时候开始，我从事社会工作的心境变得不一样了，开始去理解和接受行业发展的现状，开始有计划地让自己成长起来，更加积极地学习社会工作的相关知识和技巧，汲取香港督导们带来的各类经验，以及了解行业及社会公益服务的发展。在做督导的时候，除了例行专业实务工作交流外，我也会经常与伙伴们一起探讨个人的成长及未来的职业规划，希望在从事社会工作这份职业时，能认真负责，有所收获。

2013年10月，我开始对自己的职业发展进行反思和新的尝试，督导的作用不仅限于日常社会工作实务的指导，还需更充分地发挥这个职位在社会工作专业环境营造及行业参与等社会化中的作用。而到了2014年，对于自身角色来说也有了新的突破，我开始尝试从社工督导的角色转变去融入机构的管理工作，担任机构副总干事职位，主要负责统筹机构的服务发展。从一线社工一路走来，清晰地感受到行业的发展除了个人的提升之外，社工机构的管理及发展也极其重要，它是社工在开展服务时最重要的支援保障。转变后，我努力尝试督导与社工机构发展管理工作的融合，将自身对社会工作服务的思考，对机构团队管理的思考，机构服务发展与行业前行的思考，逐步融入到作为一名机构负责人的角色中去实践。幸运地遇到了一位愿意给予机会并让我尝试的主任，也遇到一群志趣相投、齐心协力的伙伴，在一年半的时间里，我对机构进行了团队和服务的调整，激发了机构各团队成员的活力，取得了一定的成效。其中，在2014年底的社会组织评估中机构荣获了5A的荣誉；在2014年度市级社区服务中心评估中，机构所督导的一家社区服务中心荣获全市第9名、宝安区第1名的佳绩；我所带领的另一社区服务中心由2013年度的区级18家中心评估的最

后1名，上升到该批次中心的第5名；在2014年市级机构的综合绩效评估工作中，我带领团队在2013年的评估总分基础上提升了50分，进入行业前十，荣获了行业十佳机构的称号。也正是这次改变的尝试，让作为督导的自己，进一步明晰了自己社会工作的职业生涯发展，个人的专业技能、团队管理以及处事思维都变得愈加的成熟。

2015年4月，在经过专业实务督导与机构行政管理并行的尝试后，我清晰地发现在这一过程中个人工作的局限，如果抛下自己喜爱的实务督导工作，将难有精力把机构管理工作做得更好。经过清晰地剖析后，我再次对自己的督导角色进行了调整，回归到从事这份职业的初心，潜心于实务督导领域，带领社区党群服务中心团队结合社区需求，积极研发社会工作专业服务项目，与团队一起在服务上致力于精益求精。发展至今，我大力推动机构进行服务创新和项目化思维运作，结合各社区实际情况协助团队开发项目16个，获得有关部门和企业的资金支持近百万元，充分发挥了社区服务中心社会资源整合平台的作用，受到了辖区居民的肯定和支持。其中2016年度，在深圳市龙华区某社区，通过调研，了解到社区外来人口比例占90.7%，辖区外来务工人员子女众多，因为家庭经济原因，他们在艺术方面学习的需求难以得到满足。通过团队与社区外来务工人员子女集中的学校对接，整合深圳市高校的志愿者，推动了“大手拉小手——社区外来务工子女艺术启蒙计划”项目的深化。每周三下午在学校为有兴趣的儿童开设竹笛、古筝、声乐等艺术课程，在艺术启蒙之余，也充分发挥社会工作的作用，协助社区外来儿童健康成长。由于成效显著，该项目获得了龙华区社会创投资金的支持，同时也被评为龙华新区2016年精品服务工程及2016年龙华新区优秀案例，并在项目的复制推广上获得了区级妇联的经费支持。

三、社工督导过程中印象深刻的经历或事件

记忆犹新的是，2013年初我刚成为社工初级督导，一天早上，还未到

达办公室，就接到值班社工的电话，说社区有一起跳楼事件，需要督导协助支持。接到电话后我快速赶到办公室，与同事一同前往事发的社区。因社会工作危机干预经验不足，前往的路上我要求社工首先要注意人身安全，听从安排，随后将这次参与的过程作观察记录，以便事后进行总结。

在前往社区的路上，我首先致电社区主任，了解事情发生的原因以及现场拥有的资源。原来社区一名45岁左右的湖南籍男子，因生意失败，通过下水道从墙面爬到一栋无人居住的城中村5楼窗户的顶棚上，打算跳楼。现场警察、消防、社区工作站人员以及男子弟弟已经在现场进行劝说，但始终无果。赶到现场后，我迅速与社区工作人员及警察对接上，再次了解现场的情况。通过观察与现场工作人员商量，因城中村房屋间隔小无法安置充气垫，但为了防止男子真的跳下，由消防人员搬运一些床垫及软性物品放到楼下，以防不测。通过对现场环境的安全评估，最后决定我也前往6楼与警察一起进行劝导，其他社工留在楼下协助。爬到6楼后，我首先向男子表明了身份，说明我是街道的社工，属于社区上一级政府部门，有什么困难可以从街道角度予以协助。一开始男子只是看了看并不搭理我，而男子的弟弟及警察也一直在跟他说着各种道理，但他并不动摇，仍然坐在顶棚上不上来。僵持了一个多小时，其间男子还拿出口袋里的小刀，在自己的肚皮上进行自残，割出一条缝，丝丝血迹渗出，劝说无果的民警及案主弟弟都几度无奈地离开窗边。随后我让男子的弟弟试图联系他的其他家人或最亲近的朋友，我再次走到窗户边，拿着一瓶水及一个面包，用湖南话跟他沟通，并表示不管从政府还是从老乡的角度，我都可以和他弟弟一起协助他解决当前的困难。在近半个小时的窗边劝说下，男子终于愿意接受我的水，也给予我些许的回应，说最近一直有人要害他，要他的命，要逼死他，别人都没办法帮他的……但让其描述具体情况的时候，他又不愿多说。在窗户上坐了近两个小时，我看到男子的精神开始疲惫，很有可能会无意识地摔下去。于是我不断地找话题吸引男子的注意力，采用递水、递纸巾的方式放松男子的情绪，给予其关注。最终在快12点的时候，等到了这位男子特别信任的姐姐的到来，才成功将男子说动，戴上消防人员的安全绳索，由消防人员割掉6楼的防盗窗将其拉上来送往医院。一上午近4个小时的跟进，整个事件中，社会工作者可能并不是那个最核心劝说他下来的人，但社工的坚持和努力争取了危机解决的时间，充分发挥了社会工作的价值。事后，我与社会工作者一起就整个事件的介入进行了回顾，也总结出该类危机事件介入的方法，并在团队中进行了分享，挽救了服务对象的生命，也收获了自己的经验。

用生命影响生命，除了在专业服务中有此回响之外，其实在督导服务中也会产生很多无声的影响。一直以来我都认为，督导在行业中属于引导者，需要时刻保持专业的形象，应积极地带动团队去发展。而实际中我也不断要求自己去做到这些，在我看来这就是督导工作的基本职责。工作中一件很小的事情，曾给予了我很大的触动。在一次与新团队成员督导的过程中，临近结束时，社工突然跟我说，其实她很早就认识我了，曾参与过我开展的一次社会工作分享活动。并说那天我穿了一件套裙，一种特别职业的形象，自信地与大家分享自己社区服务的经验，这一刻给她带来的影响，让她坚定了要从事社会工作的决心，也让她对自己未来的专业发展找到了方向，而现在我能真的成为她的督导，也让她觉得这是一份惊喜。虽然只是短短的几句话，但却让我感动不已，没有想到自己真的可以在无形中这样影响到他人，也没想到有人真的愿意将你作为她的榜样去学习。作为督导，我让她找到了自己工作的方向，但同时她的这番话，也让我更清晰地认识到自己的使命和价值。

四、督导感悟与反思

（一）专业认同，明确定位

社会工作是现代社会的产物，是一种有鲜明价值理念、强调专业方法以助人为目的的职业。社会工作的服务对象是人，主要目标是协助人解决其所面对的困境，它不同于医生，可以直接帮助患者去除病痛，能有立竿见影的效果。但很多时候，社会工作的服务成效需要很长一段时间才能显现出来。这也反映出，当前人们对社会工作的认知度和认可度较低，还需要政府及从业者不断努力推动。

作为从事社会工作行业的我们，对社会工作的职业认同是我们首先要去强调的，只有真切地认同社会工作专业，才能更深入地推动社会工作的开展；只有真实地认同社会工作职业，才能更负责地选择在社会工作领域深耕。作为督导，认识到这一点尤为重要。在实际工作中，督导通过自己的言传身教，影响着团队成员对这份职业的理解和认同，带领着团队共同塑造社会工作行业在社会中的专业形象。

督导作为动词来说，它表示社会行政人员督促、引导工作人员正确、有效地实施社会服务的过程。而作为名词来说，它是指执行社会工作督导的人，具有监督和指导的职责。从功能上来说，督导具有行政性功能、教育性功能以及支持性功能，而在每一项功能之下，督导都具有很多细化的工作内容，这也决定了在职业发展路径上，从事督导工作的我们，也需要更具体地思考个人在督导职业发展中的角色定位。

就机构而言，督导是一种工具，在机构特定的环境中运用督导去达成机构的目标。作为社工督导者，扮演着中间人的角色，是机构与社工的联络人及政策的解释者，机构更多的是通过督导者的行政督导角色，令受督导者的工作符合机构的目标。同时，受督导者也可以从督导者处获得支援。在督导与同工之间，督导与受督导者的关系，亦可以被视为一个包含行政、专业和心理成分的历程。在每一个历程中督导者需要扮演不同的督导角色以履行各种督导工作。

通过不同的人对督导与机构、社工关系的论述，督导者需明确自身的角色定位，其中包括管理者、中间人、协调者、老师、工作伙伴等多重角色，督导者需要将这些因素综合处理，才能更好地做好督导工作，发挥督导的功能。

此外，随着社会工作行业的不断成熟，行业中各类服务不断精细化，而行业内各类角色也不断聚焦深化。对于当前督导的行业发展来说，也需要个人在工作中不断提升督导能力，形成个人督导所长及督导特色，朝领域精专型督导、行政管理型督导及项目创意型督导等方向发展，更优更快地与行业共同成长。

（二）学而思，知并行

现代社会，知识更新速度不断加快。因此，作为督导也应重视学习新知识，这样才能更好地保持督导者自身的优势。督导学习一方面要夯实理论功底，对工作中常用的各流派理论有基本的认识；另一方面也需要寻找一两种适合自己的理论进行深入的钻研，做到有所专长。此外，在日常学习中，也应适度拓宽其他相关领域的知识结构，如管理学、社会学等，开阔自己的视野和思路，形成个人宏观的思维方式。学习的方法不是唯一的，除了书本的阅读学习之外，培训交流、朋辈互动及行业论坛等都是吸取知识，扩展眼界的方法。站在督导的平台上，去更多地接触行业其他优秀的人士，激发个人主动学习的动机，以获得更好的学习成效。2016 年 9 月 22—23 日，我有幸参加了香港赛马会慈善信托基金主办的“慈善共创，都市聚焦”国际慈善论坛，论坛上看到了很多学者在社会慈善领域的实践成果，也听到了很多社会慈善领域专家对未来慈善的观点和探索，给予我很大的冲击。待在舒适圈太久，以为当前自己的服务和督导工作稳步向前就可以了，但走出去才发现当今的社会服务、慈善公益这个行业已经在社会快速变迁发展中大步向前迈进，在社会力量的融入之下，它也越发的多元和跨界发展。而在社会服务跟随时代潮流发展的过程中，我们社会工作行业也必须快速让自己成长壮大起来，发挥出自己的专业优势和专业价值，融入社会服务的格局之中。作为当前社会工作行业的先行者，领导队伍的督导们，我们更应该提升自己，带动行业的专业发展。

除了理论方面的学习之外，督导前线服务实践的学习也必不可少。很多时候督导都脱离了前线实务岗位，开展前线实践工作存在困难，但我们也必须努力创造机会予以实践。在深圳，定量的一线实务工作也是督导必须要完成的一项重要指标。一线实务不仅是个人对理论知识的运用，更需要在过程中督导对实践经历进行反思总结，从而形成自己的服务经验，进而分享团队，带领团队共同进步。一线实践一方面让督导了解服务对象的需求，不脱离服务对象；另一方面也能更理解社会工作的服务现状，更好地开展督导工作，带领团队提升服务技能，深化服务开展。

（三）建设团队，高效卓越

机构和专业服务的发展，最重要的就是人，如何打造一支高效的服务团队，也成为督导工作中最为重要的职责。良好的服务离不开一支相互配合、相互合作的团队，共同的使命感、团队文化、公开透明的制度、明确的职责分工、良好的人事关系是建立好团队的重要因素。从事督导职位，就表示你必须要带领团队，督导职能的发挥、督导成效的显示等均体现在这个团队的表现之上。而在日常督导工作中，刚性制度化管理与柔性人文化关注的结合，才能更好地促进团队的建设。

"没有问题的员工，只有问题的主管"。现在还能清晰地记得 2013 年 6 月在香港进行深圳初级督导 PBL 学习（Problem – Based Learning，问题为本学习）中梁伟康老师教导我们的这一句话。在看到团队问题的时候，应该反思作为督导的自己有哪些需要改善的，并带领团队不断地改进。具体的团队建设中，首先督导需协助机构在制度方面能结合实际，不断优化完善制定出切实可行的规章制度，刚性的制度管理是一个团队乃至机构规范化的第一步。其次，督导应依据团队成员的不同特性，因材施教，注重个别性和针对性。如在团队组建的过程中，新员工的招聘就是一个重要的把关口，所在负责岗位的督导一定要参与面试。面试是一个双向选择的过程，用你认为重要的东西（如职位成长空间）吸引他，那他也会为这些最重要的东西而来。此外，作为督导，也需要了解面试者对机构的期待，坦诚沟通达成一致，这样能促使其更稳定地伴随团队成长。

"人有十指，长短各异"。同样，团队成员每个人在能力所长方面也各有不同，这需要督导更细致地了解同伴的优势与不足，每个团队成员可以不了解你，但你必须了解团队中的每一个人。相较于过去的短板理论，我更相信团队的长板理论，团队中每个人都发挥自己的优势，才能更好地发挥出团队的合力。此外，在督导的过程中，要给予团队更多的信任，给予机会让团队去尝试，与团队成员一起去探索解决问题的方法。你永远不知道你会拿到什么牌，但如果你是团队督导（管理人员），请你认识每一张牌以进行组合，打好每一张牌！

（四）文化敏锐，洞察人心

虽然我们生活在同一个国度，有着相同的五千年传统文化，但对于社工来说，服务的对象是个体，来自不同的地域、不同的家庭，在他们身上都渗透着不同文化之下的价值观、处事视角等，这就需要督导在日常工作中加强对社工/服务对象的文化了解，从而更好地评估他们的需要，为他们提供有效的服务。在督导过程中，经常会遇到团队伙伴交流服务对象问题时，一味强调服务对象现在有怎样的困难，处于怎样的表象之下，而缺乏对服务对象家庭、环境背景文化的深度了解，从而困惑于服务对象当前问题解决之中，而缺乏对服务对象内在潜能的激发和个人资源的撬动。

“明显地，‘情’‘缘’与‘面子’是中国人关系的润滑剂，既降低了人与人之间的摩擦，也增进了人际关系。”这是谈到文化方面不得不提及的香港理工大学应用社会科学系教授徐明心博士的观点。而这些因素在我们日常督导过程中也常常会出现，如督导者严格要求社工时，社工可能会觉得督导不近人情，不给“面子”，进而可能对督导产生抗拒心理，出现与督导对抗的局面。例如，当前大部分机构在进行员工个人绩效考核时，会有督导针对社工的个人表现评分，其中分值占比高，往往会直接影响社工个人整体的绩效成绩，进而影响绩效薪资及评优等，此时，督导者就会两难于坚持专业要求还是给予社会工作者情面。这对于督导者来说，既要让社工明白绩效评估标准的客观性及督导对社会工作服务的专业标准，也要理解社工表现背后的原因，帮助其找出当前不足，制订下一年改进计划。如社工确实有困难的地方，督导也需协助其找出处理的方法，让社工能与督导一起就绩效评估这件事情达成一致的观点，以促进个人成长，推动机构进步，保障服务发展。如何处理好这些日常的微妙关系，如何在专业与“情”“缘”和“面子”之间找到平衡点，实际上是对督导者的一个挑战，需要督导们在日常工作中不断地修炼。

五、结语

社会工作专业服务的职业化发展，不是某个人的个人主张，也不是某项政府政策的决策产物，而是经济社会发展之下的社会必然产物，我坚信它必将随着时代的发展不断成熟壮大。对于行业曾一度被热议的高人员流动率、薪酬发展和晋升空间没有保障等，这些都是一个行业从萌芽发展到成熟的必经过程。置身其中的我们则需要更好地去履行自己的职责，做好当下的每一次服务，当每个人都做好了自己的工作，行业也就慢慢变好、变成熟了。同样，作为一个职业化的行业，行业中各类角色就如一个立体的宝塔体系，各有分工，各有职责，想要让自己的劳动获得更高的薪酬，让自己获得更大的平台，那就需要把自己变得更有价值，用价值来决定自己的薪酬和平台。

路漫漫其修远兮，吾将上下而求索！明确目标，行动起来，让我们身心俱佳地与社会工作行业一起前行吧！

第三部分

侧重管理的督导

希望就在前方

刘安娟

一晃将近10年了，人生又有几个10年呢？10年的努力得到了很多人的支持和认可，我也代表社工人获得了首批全国社工领军人才、全国最美社工、首批福建省优秀社工人才、福州市第三届优秀人才等诸多殊荣；同时担任全国青联委员、福建省党代会代表、福建省政协委员等社会职务。2018年，我又当选为共青团福建省委副书记。我知道这些都是信任、是责任、是社工人努力前行的动力。今后我将携手更多的社工继续在社工道路上探索前行，游走在全省乃至全国社工行业内，看着社工同人们创造辉煌，助力社会发展！

作者简介：刘安娟，女，汉族，中共党员。中级社工师、二级心理咨询师。毕业于厦门大学社会工作与管理专业，是福建省首家专业社工机构福州市台江区鲲鹏青少年事务服务中心的党支部书记、主任，具有较强专业和职业影响力，2008年至今带领团队专业陪伴青少年健康成长，探索本土化青少年社会工作服务模式，并于2016年发起成立支持促进型社会服务机构——福州市鹏辰社会工作发展中心，不断推动当地社会工作发展。先后当选为福建省政协委员、全国青联委员、福建省党代会代表，并先后荣获首批全国社会工作领军人才、首批福建省优秀社会工作专业人才等荣誉。2018年当选为共青团福建省委副书记。

一天，和福州鲲鹏社工团队一起用午餐的时候，他们和我说，明年就是机构成立10周年了，得办个10周年庆。我听了很高兴，就问他们，该如何庆祝？于是，大家天马行空地聊了起来，有位社工说明年我们就该有好多个机构，好多支团队了，到时候每个机构的团队上台展示各自的品牌项目，让大伙儿看看我们大鲲鹏社工的专业风采。我听得内心激动不已，想象着自己与好多支团队、好多优秀社工在一起的场景，感觉十分美好。回想起机构初创阶段有太多的艰辛，而如今的状态着实令人惊喜。近10年的时间都经历了什么？到底有哪些变化和故事？请您一同走进我的心路历程……

一、开启督导之路

初创期的机构困难很多。时间拉回到2008年，当时社会工作专业毕业的我看到福建省开始招聘专职社工，非常兴奋，毅然放弃了企业的高薪工作，入职福建省首家专业社工机构——福州市台江区鲲鹏青少年事务服务中心，成为福建省首批专职社工。由于当时的我有一定工作经验，所以除了开展具体的实务工作外，也作为机构副主任负责机构的部分行政事务和管理工作。机构成立之初（也就是2008年7月—2009年底）有很多困难，资金匮乏、社会工作的知晓度认可度低、服务对象不接纳、专业服务能力低以及不知如何更好地开展专业服务等。记得那时社工每月工资1200元，出去开展工作也是常常吃闭门羹，别说进不了服务对象的家，就连小区门口的保安都拒绝你，而且作为福建省首家社工机构，除了借鉴上海、香港等地的一些经验外，我们并无太多的经验可学习。由于当时社工开展工作很困难，对工作有各种不满和抱怨，工作也就不稳定，流动十分频繁，所以很长一段时间机构都处在人心惶惶的状态中。

制定规章制度来规范管理，但依然问题不断。当时我只是意识到社工的种种问题是因为薪资太低和没有规范的管理制度造成的，资金的事我也觉得无能为力，所以就与中心主任及机构的主管领导沟通，制定机构的规章制度来规范管理，比如考勤制度、考核制度、档案管理制度、社工监督投诉制度等。慢慢地，我们机构就开始规范员工的管理。就说考核制度，一个月考核一次社工的工作，好的给予一定的考核奖金。但问题来了，每一次考核都有矛盾，有的社工因为考核成绩不理想而闹情绪，要么觉得不公平，要么觉得工作不知道该怎么做。本来是想通过考核激发社工的动力，也能稍微提高社工收入，但发现没有起到预期效果。作为机构管理者的我和中心主任再次面临巨大的压力和挑战。中心主任甚至表示每天一早都不想进办公室了，因为想着要处理一堆的问题和矛盾心就觉得很累，而且处理不好社工就闹离职。当时我们能感觉到自己根本做不了什么事情，大部分的时间和精力花在矛盾的处理上，日常工作安排非常混乱。你若置身其中，一定会觉得有人的地方就有江湖，当时我们的团队就有11个人。

临危受命，开启督导之路。就因为团队和机构管理如此繁杂，中心主任请求辞去主任的位置，她希望能有更多时间和精力投入到专业服务中。而我就是在这样的情况下临危受命，怀着十分忐忑的心态由副主任升为中心主任的，只觉得自己接过来的是烫手山芋，因为我也非常害怕管理这个团队。主管领导一直鼓励我，让我负起责任，还说那是我的历史使命，等做到一定阶段自然会有人来接替我的工作。就这样，在2010年9月我成了鲲鹏中心主任。虽然有很大的压力，但我还是接了下来，心里想着尽自己最大的努力把事情做好。

之后我就减少了从事一线服务的时间，更多时间在调整我的团队。我在想如何才能让团队更和谐？如何能让社工们把时间和精力都投入到专业服务中？如何能让大家更积极主动用心做专业服务？带着一堆问题我开始了对团队管理的思考和探索，也重新思考自己在工作中的角色和定位。记得一个炎热夏天的午后，一位社工满头大汗地从社区走访回来，我赶紧给她倒了杯水，关切地问她怎么样？有没有中暑？走访情况如何？记得当时她瞪大眼睛看着我，很认真地跟我说："你这么关心我，我完全不觉得热了，反而觉得特别的凉爽，感觉很好！"一下子，我似乎也顿悟了，我发现一年多来我真的很少和他们好好地谈心，很少去关注他们的所思所想、生活安排和个人成长等方面，也很少去了解他们对机构发展的一些想法和看法，我发现自己完全忽视了他们作为机构主人翁的地位。同时，我还发现我总是喜欢用问题视角去看待他们，没有去挖掘和发挥他们身上的优势，我自己真的错了。我觉得，之前我只是有在做管理，完全没有做服务，我只是一个管理者，不是一个督导者，只是硬生生地管理而不是用心做专业的督导，所以才会有这么多的问题。我慢慢明确了除聘请高校和外地优秀实务社工作为机构的督导还是不够的，社工机构内部的督导也必不可少，而且内部的督导重点需要承担的是行政督导的职能。就这样，虽然我还是机构的主任，但我给自己的定位却是机构的督导，重点发挥行政性督导的功能。我知道把自己身上"主任 + 督导"的角色扮演好，必定能改善团队糟糕的状况。

二、培养团队

定位明确之后，我完全转变了心态，明白社工的工作需要充分发挥团队的力量，是否能发挥社工的专业优势更好地为服务对象提供服务的关键在人，有人才能做项目，才能提供服务。所以我决定要好好地培养团队，关注团队的每一个人，要作为一名督导者来好好服务和支持机构的社工、实习生及志愿者等，然后他们再为我们的服务对象更好地提供专业服务。

通过多年的努力，我发现现在的团队和当初混乱不堪的团队完全不同，如今我的团队都非常专注、用心地做专业服务，他们积极好学、扎实肯干，经常主动加班加点，最重要的是团队非常和谐，大家相互支持、相互鼓励，共同成长。现在很多社工都在机构待了好多年，都组建了家庭，有了孩子，我还经常提醒他们要平衡好工作和家庭的关系。如今公益圈很多人都羡慕我有一个优秀的社工团队，我自己也毫不谦虚，经常公开称赞我的团队社工很优秀。如何做到团队的改变，总结起来主要有以下 8 个方面：

严守社工准入门槛。要培养一个优秀的团队，首先得保证每一个进入到团队的人是优秀的，这里说的优秀：第一是初心要纯正，即进入我们团队的社工必须是真的热爱社会工作事业，是能认同社工和我们机构的价值理念，有一颗热情服务的心。第二，要有潜质，一般情况下我们希望是高校社会工作或相关专业毕业的，这样能更快地适应融入，但也不排斥其他专业但特别有潜质的求职者，倘若真心想做社工，理论、方法和技巧都还是能通过学习和实践习得的。第三，加入我们团队的社工必须要有正能量，因为做社工这个职业，服务对象都遇到了困惑，也都处在极具负能量的阶段，如果我们的社工没有正能量，很难影响到服务对象，哪怕有专业知识和技能都不够。第四，可以考虑团队人员的互补，比如性格、优势等方面都可以考虑团队成员间的互补性。很多人会说我怎么如此幸运，能招到那么多优秀的社工人才，其实关键是我把住了准入门槛，对于用人，我的原则是宁缺毋滥。

关注团队基本需求。选好了人，就首先要关注人的基本需求，包括关注团队成员的薪资、福利、情感等。根据马斯洛的需求层次理论，我们应该首先要考虑到人的基本需求，不能被道德绑架，认为我们从事的是公益事业所以就不需要考虑基本需求。要明确公益社会服务的提供者也是人，也有基本的需求，如果基本的需求都没有得到保障，他们如何能用心、安心地为服务对象提供服务呢？所以，作为机构的管理者和督导者一定要考虑社工的薪资和福利待遇。我们鲲鹏中心这些年就不断地在考虑社工薪酬方面的问题，也通过努力一步步地提升社工的薪酬。其次，我们还考虑到相应的福利补贴，如高温补贴、节日补贴、员工生日补贴、婚育补贴等，虽然不多，但都在我们所考虑的范围，希望让团队成员感受到机构的人文关怀。再比如，我们除了给社工购买国家制定的5险1金外，还为员工购买了意外险、医疗互助险等，让社工感到更有保障。此外，我们还设置了一个“社工关爱基金”，如社工有特殊的困难可以申请该基金，帮助社工渡过难关。针对实习生和志愿者，机构也会考虑给予相应的补贴，让他们能够更安心地在机构学习，同时支持机构的发展。

完善内部管理制度。无规矩不成方圆，一个团队哪怕再小，也是麻雀虽小五脏俱全。所以，近年来我们非常重视制度建设，希望机构能良性运转和发展。我们要让社工一入职就知道什么能做、什么不能做、什么事该怎么做，而不能让他们稀里糊涂地自己瞎琢磨。当然，我们需要在发展过程中形成自己的组织文化，让大家能感受到组织积极向上的能量。而有了规章制度，管理者或督导者就可以“温柔地坚持”，既讲原则又理解社工，进而形成一种良好的工作环境和氛围，让社工置身其中能有成长和收获。目前，我们已经形成较为完整的《鲲鹏社工手册》，手册内容包括薪酬、晋升、考勤、考核、财务、项目管理等不同方面。

加强团队专业培训。加强专业培训，提升服务能力是提升团队成员专业自信的重要途径。我们很多社工都很年轻，社会阅历和经验的确不丰富，为保证专业服务成效就必须要重视和加强团队专业培训。近年来，我主要通过“请进来”和“走出去”的方式为团队成员提供考察和培训的机会，每年会有2次左右的机会安排机构专职社工到我国社会工作发展较好的地区参观学习，也邀请各地专家到机构给团队所有成员指导工作。我们还制订了机构内部的成长计划，如每天开晨会分享专业服务感受和技巧、每周一次个案分享会、每月一次团训、每季度一次相关专业培训、每期实习社工培训、定期志愿者培训等。我们会根据团队所负责的工作和发展阶段提供不同类型的培训。努力必有收获，我们鲲鹏中心的执行主任入选为SEED FELLOW，到哈佛游学了半个多月；我们还输送机构的研发总监和行政总监参与职业生涯规划系列课程；鲲鹏团队还有计划地到外地交流学习。这一系列举措对于团队的成长和稳定起到非常重要的作用。如今我们团队学习氛围非常浓厚，大部分社工都能主动学习成长。

重视职业生涯规划。2017年，我们做了一份《2017年福建公益人才发展现状》的问卷调查，其中显示大部分公益人（我们发现社工在其中占比最高）认为离职的原因除了薪酬待遇低之外，更重要的是没有明确的职业生涯规划，看不到自己的职业发展空间，不知道自己未来该如何规划。所以，很多员工放弃了社工这一职业，而进入到他们认为可以更好规划自己职业生涯的行业。记得曾有一段时间，鲲鹏中心离职的社工中一部分考了公务员、一部分去了企业，这点让我们很苦恼，但问题又不能回避，必须想办法应对。所以我们从以下几个方面入手：一是鼓励社工成长，比如鼓励大家努力考取社工师、心理咨询师等资质。我告诉社工在大环境不是太好的情况下，我们一定得沉下心来提升自己，武装好自己，当有一天机会来临的时候，希望不要因为我们没有准备好而错失良机。而且社工学历资质等的提升也和他们的晋升及薪酬挂钩，所以这几年我们机构的学习成长氛围非常浓厚。二是我们争取机会，结合社工自身优势和专业特长，帮助他们作规划。比如我们争取到机会让机构两位实务能力强、资历深的社工参加为期2年的福建省首期督导培训班，希望帮助他们成为福建首批实务督导。同时，我们努力培养机构社会工作行政管理人才和项目管理人才。三是我们在机构发展的基础上，搭建一个更大的平台，为社工打开职业晋升的通道。我们在2016年成立了福州市鹏辰社会工作发展中心，该机构是一个支持促进型的平台，主要为其他社工机构提供支持性的服务，而这个机构也为我们社工的职业发展创建了一个平台。如今团队的社工从入职开始我们就关注他们的职业发展，特别对有一定资历的社工我们更加关注，而我也会经常以督导者的身份和社工们探讨职业生涯规划。

提升社工职业素养。我们一直在强调社工是一个职业，希望全社会共同来关注和推动社工职业化进程。在此过程中，我们从以下几方面入手，努力提升社工的职业素养：一是职业道德。包括热爱本职工作、确立一切为案主服务的价值观和人生观、具有崇高的献身精神和职业责任；全心全意、尽心尽职，耐心细致、诚恳坦率，礼貌待人、热情服务的职业态度；努力钻研、精益求精，尊重同事、相互协助，深入实际、联系群众的职业作风；廉洁奉公、不牟私利，坚持原则、秉公办事，尊重案主、保守隐私的职业纪律。二是专业修养。确立正确的社会工作专业价值观；努力学习和钻研业务，不断提高专业技术水平和专业服务质量。通过参加专业进修和培训，努力实现专业化，提高工作效率和服务效能。利用专业理论、知识、方法和技能，帮助社会成员改进和完善社会生活方式，不断提高生活质量。三是职业形象和文化。着装是职业形象的重要体现，社工穿着须得体，不能过分随意、潇洒、暴露或时髦，否则非但不符合社工的职业特点，还容易与服务对象产生距离。良好的语言表达是社工开展工作的关键因素，社工应运用恰当的言语和服务对象沟通，营造出一种平和的沟通氛围。举止也同样关系到社工职业形象，更会影响服务对象对社工的信任，如不随地吐痰、不乱扔垃圾等。关于职业文化，我认为积极、乐观、坚忍、好学、团结、互助等是社工都需要建立的文化。只有不断提升社工职业素养，才能给大众呈现一个职业社工该有的形象和素质。如今，我们团队社工给人的感觉是年轻、有活力、专业、有爱心、知心贴心的哥哥姐姐。青少年朋友们给我们的社工取了“知心姐姐”“石头姐姐”“标兵哥哥”“彩虹姐姐”“燕子姐姐”“闪电姐姐”等亲切的称号。

鼓励社工参与决策。在项目开发、服务方案的制订、机构使命愿景的调整等方面鼓励员工参与决策是非常重要的，我希望社工要有主人翁精神，机构管理者、督导者和社工是一种伙伴式的关系。近年来，我总是强调说我们团队是一起工作的伙伴，机构是我们共同的机构，不是我个人的机构，希望大家一起去努力，一起去设计策划好的服务项目，一起为提升服务对象的生活质量和改变社会问题作出我们应有的努力，一起实现我们人生的价值。所以这些年，我们机构的项目开发和服务方案的制订等都是相应的员工在负责牵头带领团队去做的，而在早年这些事都是机构管理层在做。回想 2012 年设计中央财政支持的项目，我还是自己抱着不到半岁的娃在写，而 2016 年申请的中央财政项目就由研发总监牵头，组建项目组共同探讨完成。事实证明，社工参与提议和决策的效果比管理者独揽大权的情况要好得多。所以我本人现在一直倡导在合理的情况下，社工更多地参与机构管理和决策，有参与感才有对工作的热爱和责任。

组建社工人才梯队。建立人才梯队对于所有团队来说都是非常重要的，社工的团队亦是如此。我们主要采取“社工督导指导，专职社工带领助理社工和社工志愿者共同成长的多层次人才队伍建设”模式。社工督导包含外部和内部督导，外部督导主要来自高校和国内资深社工，内部督导则由机构资深社工担任。专职社工中有服务总监、项目主管、一线社工等梯队的人才。在专职社工中我们重视接班人的培养，即项目主管以上的职位都希望有接班人的培养对象，保证梯队人才不断层。助理社工主要就是高校实习生，鲲鹏中心是福州大学、福建师范大学、福建医科大学、闽南师范大学、江夏学院等多所有开设社工专业高校的实践基地，所以每年每个学校都会安排实习生到机构实习，这些实习生也是机构重点培养对象，如果实习结束后双方认为合适，就会留在机构成为专职社工，或者我们帮忙推荐到其他机构去工作。另外，机构有一支300多人的志愿者团队，包括家长志愿服务队、彩虹青少年志愿服务队、高校志愿服务队、社区志愿服务队等，志愿者通过培训在提供服务过程中不仅自身更加了解社工，也在推广社工，在推动社工职业化、专业化进程中起到重要的作用。

三、开发项目

经过几年来对团队的培养和建设，鲲鹏中心的发展渐入佳境。团队开始发挥专业作用，对青少年及其家长的服务成效越来越明显。在几年尝试探索的基础上，为了能更加明确机构的核心服务，2012年初，我带领团队重新整理了机构的使命和愿景，我们把“专业支持青少年成为最好的自己”作为机构使命，明晰了机构重点服务方向，也就在2012年，我带领团队第一次拿到了中央财政支持的项目。自此，机构开启了项目化运作的进程，各项工作步入正轨，努力朝着专业化和职业化的方向发展。我也把精力重点转向项目的开发上。

根据需求设计项目。鲲鹏中心专注青少年服务，把重点服务对象定位在青少年行为问题的预防和矫正方面。方向确立后，就围绕服务群体的需求有针对性地设计项目。比如，针对涉案和边缘的行为问题青少年群体的需求，我们设计了“心航向·回归计划——涉案、行为问题青少年帮扶项目”，为服务对象提供心理辅导、行为矫正、就业指导、社会融入等方面的服务。针对在校的边缘学生，我们设计开展以预防为主的“校园零零欺——防治校园暴力项目”。针对青少年青春期生理心理的困惑，我们设计开展了“青春同期声——青春期性教育项目”。此外，我们会根据青少年的需求设计一些常规性的服务，比如长期的外展工作、寒暑假篮球赛、动漫展等系列活动。作为一个青少年服务机构，在把重点服务项目做好的同时，我们自然是希望服务能惠及更多的青少年群体。

综合方法开展项目。社会工作有三大专业工作手法，即个案、小组和社区，这三种方法通常是要综合使用才能发挥最大的作用。一般情况下，结合三种方法开展项目成效更好，而不要为了完成指标和任务硬生生地做个案、小组或社区活动。也因为很多社工没有经验，又着急完成任务，或者说着急体验专业工作手法，所以还是经常会就个案而个案、就小组而小组，而没有根据服务对象的需求和特殊情况去使用专业工作手法，鲲鹏中心初创期也往往是这样。根据我们多年开展服务的经验，切不可为了完成指标或任务盲目地去做个案、小组或社区活动，而且都是凭借社工各自的喜好和感觉去开展，而注重服务成效，或者说很多机构或社工在服务过程中没有使用督导，忽视了在专业服务过程中督导的重要作用，运用专业手法提供服务其实是最能体现社工优势的地方，如果没处理好，就无法保证服务成效，也就无法避免大众对社工的误解。就有人说，我们社工咨询做不过心理咨询师，活动做不过社区居委会，所以我非常重视专业服务的成效，也会让团队所有成员明白我们所追求的，鼓励大家一定要站在全局的位置去综合使用专业服务手法，为服务对象提供更专业有效的服务，而机构在每次的考核也是重点评估服务成效。目前，我们的服务还是得到了很多青少年和家长的好评，主动求助者应接不暇，一改当年找不到服务对象的局面。

重点培养品牌项目。机构有优质的社工团队，有项目，感觉是很顺利地在运转，但一段时间后你就会发现深度不够，或者说影响力不够，亦可说是社工的知晓度还不够。那该怎么办呢？经过分析，我发现是因为机构缺乏品牌项目。所以，我们必须要根据机构的服务对象，结合机构的优势，重点培养和打造品牌项目。例如，我们打造的“心航向·回归计划——涉案、行为问题青少年帮扶项目”是鲲鹏中心与公、检、法、教育等部门的合作项目，即通过社工的专业手法帮助涉案及边缘青少年矫正不良行为，塑造积极正向的价值观，重新走上正常的学习生活轨道。该项目已经与相关单位形成了长效的联动机制，并且获得了较为长期稳定的经费支持，是鲲鹏中心开展专业社工服务以来的一个重大突破，不仅得到了区政府的认可，而且得到了政府部门在这方面的经费和政策支持。此外，鲲鹏中心还重点打造了“青春同期声——青春期性教育服务项目”。2009 年起开始开展青春期性教育服务，以福州市性教育、性安全方面高危或需要支持的青少年为重点服务群体，致力于通过资源整合开展深入而且创新性的青春期性教育服务，建立福州市青春期性教育服务平台，培训同伴教育员、性教育讲师和家长志愿者百余名，借助直接服务、培训、手册等形式覆盖5 万余人，扩大积极正面的性教育价值观和社会影响力，营造青少年健康成长的良好环境。该项目也是鲲鹏中心打造的品牌项目，两度获得中央财政的支持，目前正积极地总结经验在全省范围内推广。我们希望通过打造精品项目，让服务对象感受到深度的专业服务所带来的帮助，在提高机构认可度和影响力的同时更能传递社工的专业价值，推进社工专业化、职业化进程。

以经验模式推广项目。打造出品牌项目不是放在机构自己看的，而是希望能够推广，把好的经验模式推广给更多的机构，让更多的社工来借鉴。所以，鲲鹏中心打造的品牌项目都会通过培训、宣讲、观摩、路演等不同形式进行推广。当然，在推广的过程中也在不断地总结、完善和修正，也会根据不同地方的情况进行在地化、本土化的调整。鲲鹏中心打造的“心航向·回归计划——涉案、行为问题青少年帮扶项目”得到检察系统和共青团系统的高度重视。2015 年，福建省检察院和团省委共同出台了《关于在未成年人检察工作中引入青少年司法社工的意见》，并就该项工作在鲲鹏中心召开全省检察系统的现场观摩和经验交流会，在全省范围内推广该项工作。此后，全省各地纷纷到鲲鹏中心参观交流，并就各地开展该项工作和鲲鹏的社工交换意见。此外，“青春同期声——青春期性教育服务项目”在经历了性教育讲师培养、课程开发等一系列工作后也开始在全省乃至全国各地推广。很多社工机构到鲲鹏中心交流经验，也有多地计生协等部门和鲲鹏中心达成合作意向，以政府购买服务的形式推广开展该项目。我们希望把项目推广到有需要的地方，把专业服务带到有真正需求的服务对象身边，不论做怎样的项目推广，我终究是希望更多有需要的人能享受到专业社工的服务。

四、培育机构

在培养和推广项目的过程中，我有几点深刻的感受：首先，我感受到我的社工团队在不断地成长。他们在服务过程中积累了较为丰富的经验，从一线社工到项目主管在潜移默化中提升自己，为社工们提供更高更大的平台，让他们去自如地发挥和成长。其次，我感受到整个大的环境对社工的接纳和认可度越来越高。不论是社会大众还是党政部门都越来越重视社工服务，随着近年来政府职能转变，越来越多的部门以购买社工项目的形式转移职能，支持社工发展。特别是团省委在全省范围内推广青少年事务社工，把该项工作列入工作的考核范围，明确各区县必须成立青少年事务社工机构，我觉得我作为福建省首批实务社工，作为首批福建省优秀社工，还作为首批全国社工领军人才，在大环境慢慢发展起来的时候，我理应以实际工作来助推社会工作的发展。最后，我感受到各地在发展社会工作的过程中需要支持。不论是在机构成立上、运营管理上、专业服务上还是人才培养上都特别需要支持，很多地方在推动社会工作发展过程中感到茫然和无助，他们总说让我派个有经验的社工去带团队。我一直都会积极地提供支持，当然，这也是我们团队锻炼成长和开拓发展的一个通道。

培育支持促进型机构。基于以上的思考，我和团队沟通达成共识，明确鲲鹏中心立足台江区、辐射福州市、影响福建省的定位后，再成立一个支持促进型的机构，由我去负责运作。至此，鲲鹏中心团队分工重新调整。所以于2016年7月我们注册成立了福州市鹏辰社会工作发展中心，定位即是支持促进型机构，以服务社工机构及相关公益组织为方向，以整合多领域专家资源、提供跨专业服务为特色，致力于推进实务性、层级化的专业人才培育，探索本土社会工作服务规范和创新，促进社会服务行业朝专业化、职业化方向发展。鹏辰中心以“支持有效公益，促进行业发展”为使命，以秉持专业价值，塑造社会工作优质品牌。同时，重视社会责任，引领社会服务行业发展为机构发展目标，以孵化、咨询、指导、评估、倡导为主要服务范围，着力整合资源，推动福建省社会工作的发展。

发挥支促型机构孵化功能。自鹏辰中心成立以来，已经发挥机构的孵化功能，先后推动支持了马尾区致睿青少年事务服务中心、仓山区小茉莉青少年事务服务中心、晋安区北极星青少年事务服务中心（筹）等的筹建和成立。在此过程中，我组织团队通盘考虑，统筹协调，安排了鲲鹏中心的两名资深社工到仓山区和晋安区去担任中心主任，开拓发展社工机构。这样不仅能凭借他们多年累积的工作经验和资源迅速推进当地社工的发展，而且也为他们创造和提供了一个发展和提升的平台，让他们作为机构的负责人继续他们的社工之路。对我而言，要做的就是整合更多的资源，根据各机构的实际情况提供相应的支持。协调好各团队，充分发挥不同团队的优势，指导各地根据实际情况和需求作出各自特色，最终达到资源共享、支持互助、百花齐放的局面。这样，等到大鲲鹏10周年时就可以让各个团队充满自信地展示各自的项目。

发挥支促型机构指导功能。事实上，在我心中，鹏辰中心更主要的是发挥指导的功能。之所以会去发挥孵化功能，是因为现阶段大环境发展的需求，我更希望能聚集资源，用心总结和提炼专业服务的技能、手法和机构运营管理的方法。同时，整合省内外的专家资源，指导更多社工和社工机构去充分的发展。鹏辰中心成立一年来，我也先后为三明市启航社会工作服务中心、三明市扬帆社会工作服务中心、福州市儿童福利院社工站、马尾区致睿青少年事务服务中心、福鼎市希望青少年社会服务中心等机构提供了专业的支持和指导。另外，还承接和参与了团省委“重点青少年群体服务项目”的评估工作，也是借助评估指导各地机构的运营和项目的管理。

发挥支促型机构倡导功能。鹏辰中心是一个支促型机构，但其实也是一个信息集散中心，我希望它能发挥倡导的功能，不论是对政府、公众还是本行业，能从政策上、理念上等不同的角度去做倡导，促进行业发展，促进社会和谐共融。目前，我主要通过两种形式做倡导：一是通过项目。鹏辰中心目前直接运作的两个项目，一个是“榕树伙伴成长计划”，是由福建省林文镜慈善基金会发起，鹏辰中心执行的福建公益人才培养项目，致力于培养“根扎南国、福荫八闽”的青年公益领袖，引领公益行业发展，促进社会和谐共融。该项目得到共青团福建省委、福建省委人才办的指导，得到新华网·微公益专栏的媒体支持，得到深圳国际公益学院、公众筹款人联盟的课程支持等。我们希望更多资源的注入，倡导社会各界共同关注支持公益人才、搭建公益人才成长体系。目前，已经选出了 10 名 2017 级榕树伙伴，他们工作在环保、教育、健康扶助、养老等不同领域。另外一个项目是“福建公益沙龙”，该项目由省内热衷公益，有志于推动公益事业发展的公益组织发起，得到福建省恒申慈善基金会、林文镜慈善基金会的大力支持，为福建省内公益组织提供服务的非营利性社会服务活动的非正式组织。沙龙成立组委会，下设秘书处于鹏辰中心，旨在通过沙龙加强省内公益组织的沟通交流、互助合作和资源共享，支持公益组织朝着更加规范化、专业化和职业化方向发展。二是通过提案议案。我目前担任福建省政协委员、全国青联委员、福建省党代会代表等社会职务，近年来也多次通过提案、议案的形式倡导推动社会工作的发展。先后提交了《关于加大社区文化设施和专职社工队伍建设投入的建议》《关于以政府购买服务形式推动青少年社会工作的建议》《借政府购买公共服务的方式推动社会组织的发展》《关于推动学校社会工作发展的建议》《关于专业社会工作者介入涉案青少年帮扶过程》等提案，从政策层面倡导社会工作的发展。

五、对社工督导的感悟与反思

以上就是我作为督导在发挥行政性功能过程中做的一些事情，通过整理，发现其实特别简单，就做了三件事：培养团队、开发项目和培育机构。那么我做的这些事情到底是不是一个督导该做的事情呢？有没有价值呢？又有何困境？所以顺着自己的一堆疑问，我做了一些反思，也有一些感悟。

专业价值。以督导的身份在社工人才培养、项目开发、机构培育等方面发挥了督导的行政功能。特别在社工人才的招聘、培养、引导、沟通、协调、规划方面发挥了重要的作用。而这种功能的发挥，是督导的教育功能和支持功能所不能取代的，是社工发展过程中不可或缺的，特别对于初入行的社工或初创期的社工机构来说，行政性督导的功能甚至超越教育性和支持性督导，具有重要的专业价值。

伦理困境。在发挥行政性督导功能的同时，对于督导者来说会有很大的心理压力，特别是当前社会工作处在初步发展的阶段，会遇到非常多的困难。而督导者不仅要对团队、专业服务和机构发展有清晰的判断和规划，还要对专业、机构发展有绝对的信心，稍有迟疑就很难带动和正面影响团队社工和实习社工、志愿者等。因此，坚定的信念和信心是工作推进的重要法宝。而这个过程中督导者必定会有很多的挑战，比如能力和专业的欠缺，那种时刻都会遇到的矛盾，无处不在的无助和迷茫。每当那时，真不知道该如何带领着团队引领行业发展，督导者自身似乎也特别需要被督导。当自身能力不足、判断失误或内在动力不足的时候都是很难支持受督导者的。

综合能力。行政性督导需要有很强的综合能力，其中包括专业、管理、政策、咨询、传播、公共关系处理等多方面的能力。特别是专业能力，其重要性丝毫不亚于教育性督导和支持性督导。当你要去协助社工和机构去作规划时，没有足够的专业理论和实践方面的知识能力是做不了的。我们需要极强的专业把控能力，需要对服务对象及专业服务手法有深度的理解，就如一个企业的CEO，不懂销售是绝对不行的。在政策倡导过程中亦是如此，如果对行业的发展不够了解、政策解读能力不够，将会直接影响政策倡导的深度。所以，我自身也在不断地努力。除了不能忽略直接服务外，还需要了解学习全国社会工作发展的状况，还要不断地学习专业、管理、咨询、公共关系等方面的知识和能力，只有这样才能发挥自身的能力支持团队和机构，进而促进行业的发展。

方法技巧。对于督导过程中的方法技巧，我的感受是除了要不断学习、实践提升自身的能力外，最重要的是不断总结经验。行政性督导不像教育性和支持性督导，有很多方法和技巧是现成的可供学习参考。行政性督导包括选人、用人、开发项目、机构运营等很多方面并没有太多现成的经验可供借鉴学习，而且就算全国社会工作发展较快的北上广地区有经验，但因地域的不同，情况也不同。在福建省，我们是首家专业社工机构，所以我们更多是在摸索中缓步前行，在前行中总结成功和失败的经验，慢慢记录供同工们参考。总结积累特别重要，目前我们在这方面做得还不够，希望今后可以不断地加强。

关系处理。在督导过程中，我还发现对于行政性督导，关系处理尤其重要。这里说的关系处理不仅仅是和社工、实习社工或志愿者等服务团队的关系处理，还包括和政府部门、基金会、其他社工机构、媒体、社会大众等的关系处理。因为社工行政督导的内容和范围会和以上所有单位相关，如若处理不好就很难得到理解和支持，也很难整合资源提供服务。所以我们必须明白关系处理的重要性和必要性，也需要学习更多沟通交流的技巧，学习不同系统的语言体系，能够在了解各方的基础上实现公平对话，合作共赢。

理论转化。最后我们思考的一定是，所有这些是否能形成系统的理论？能否转化？是不是可以说行政性督导就应该做这些事情？或者说是不是可以作为规定动作供此类督导者参考？是不是还可以将这些模块更具体地技术化、艺术化供学习和操作？我不太确定，因为不同的地域、不同的机构、不同的人情况都是不同的。但我能确定的是：所有作为督导者的我们所要做的事情一定不是仅仅因为我想做，一定是服务对象、团队有需求才做的，也一定是顺应大环境发展而做的。我们所做的每一件事都应该是符合需求，合情合理合法的。简单来说，就是一切以需求为导向。作为督导，我衷心地希望社工们都能工作生活得开心愉快，也希望社工们能不断精进，为服务对象提供更专业高效的服务，最终通过大家共同努力解决社会问题，让生活更美好！

一晃将近10年了，人生又有几个10年呢？10年的努力得到了很多人的支持和认可，我也代表社工人获得了首批全国社工领军人才、全国最美社工、首批福建省优秀社工人才、福州市第三届优秀人才等诸多殊荣；同时担任全国青联委员、福建省党代会代表、福建省政协委员等社会职务。我知道这些都是信任、是责任、是社工人努力前行的动力。今后，我将携手更多的社工继续在社工道路上探索前行，前进在全省乃至全国社工行业内，看着社工同人们创造辉煌，助力社会发展！

寻找最好的自己

叶慧芳

在小电瓶车的见证下，我告诉机构领导：副总干事意味着要处理机构管理的各种行政事务，能够投入在专业上的精力会减少。我想在专业上能够进一步成长，所以选择了督导岗位。后来，就成了机构内部成长的第一个督导，开启了我自己的督导之路。

作者简介：叶慧芳，女，31岁，中级社会工作师，毕业于华中师范大学社会工作专业。从事社会工作6年，正式担任督导工作5年。现为合肥市蜀山区民生社会工作服务社督导，兼职合肥市爱邻社会工作服务社督导、安徽省阜阳市益民社工服务社理事。

生命中，我们遇到的每一个人、每一件事都是必不可少的经历，一次次经历构成我们精彩的人生。我们的人生虽然少不了各种各样的陪伴者、同行者，我们的精彩却由自己选择。人的选择很少有轰轰烈烈、惊天动地、刻骨铭心，那些影响我们生命和人生的选择，总是在不经意间完成，这些不经意间的选择往往影响着我们的一生。

2013 年，我在生活和工作中经历了各种选择。当时，我和男朋友（现在的老公）面临留在北京还是到其他城市发展的选择，几经周折，我们最终来到了我们俩都不熟悉的城市——合肥，并在这里安家落户；而我仍选择了自己之前选择的社工职业，加入了合肥社工队伍的行列，这里，成了我工作的新起点。

刚来合肥时，正赶上夏秋交替，虽然合肥没有北方的萧瑟，但是阴雨天气却不少。这个季节，即使不是多愁善感的人，也总是表现得比平常更多思一些。在这个时间，我的工作机构正处于岗位设置调整和机构发展的关键期。机构将在原有的岗位基础上，增设督导岗位，并成立督导培训部。作为机构的一员，我也不得不正式考虑自己的职业发展，并在晋升督导和副总干事之间犹豫不决。经过一场自我思想大战，我终于下定决心，并决定找机会把自己的想法正式告诉机构领导。很巧在工作会结束后，我正准备骑着自己到合肥之后的专属交通工具——一辆二手电瓶车（电瓶车一直是我社工之路的特殊回忆）下班回家的时候，机构领导喊住了我，询问和了解我个人的想法。在小电瓶车的见证下，我告诉机构领导：副总干事意味着要处理机构管理的各种行政事务，能够投入在专业上的精力会减少。我想在专业上能够进一步成长，所以我选择督导岗位。后来，我就成了机构内部成长的第一个督导，开启了我自己的督导之路。

在短短的几年里，我也收获满满：安徽省民政厅首届督导培养计划培养人，督导的“‘童’行助力服务计划——流动儿童成长相伴服务项目(2015年9月10日—2016年5月9日)”获项目评估排名第一；督导的合肥市蜀山区笔架山街道社会服务中心的“妈妈帮”家长课堂项目，在2016年分别在安徽省、合肥市蜀山区的社区教育品牌服务评选中，获得“终身学习品牌项目”和“优秀社区教育品牌”。

一、专业草根督导的成长

毕业多载，我发现不管是我的本科同学还是研究生同学，现在仍然从事社工行业的人已经寥寥无几。从来没有特别想过我为什么还一直坚守在这一行业，可能是因为一直不太懂，总想弄明白搞清楚吧，然后就这么走到了现在，并继续走在社工的道路上。我一直觉得自己是顺其自然又很幸运地走向督导之路的。说顺其自然是因为自己学的是社会工作专业，往督导方向发展是很自然的：经过社会工作专业本科、硕士的系统学习，我成为一名真正的社工。社会工作本科的课程学习让我初入社工工作的门槛；研究生的继续教育，尤其是专业的社工实务实践和导师手把手传授指导的项目实践和经验，让我在校期间就基本掌握了社工实务能力和经验；郑州金水区益创社会工作服务中心半年的实习期间，从参与金水区政府购买社工岗位及服务到独立管理儿童烧伤救助项目，自己作为社工队伍中的一员，第一次真正意义上接触了社会工作职业的发展。研究生毕业，我和大多数同学一样在社会工作相关工作和从事社会工作实务工作的选择中摇摆不定，当时正好郑州某高校招聘社会工作专业老师，抱着试一试的心态，人生第一次参加了事业单位的考试，误打误撞，幸运地通过了笔试，进入面试。在等待第三轮试讲的时间段，自己经受了职业选择的煎熬：一直总是感觉当社工老师不是自己特别想要的，第一次我当了逃兵，在试讲之前来到了北京。在各种相互选择之后，自己进入了北京市某社会工作事务所，成了一名职业社工，并开始走上见习督导之路。

说幸运是因为在自己每一次职业选择时，总是能很幸运地遇到指导自己走向督导之路的导师们。对比深圳和上海系统化的督导培养方式，我的成长显得没有计划性和规范性。没有特殊的仪式和标志性的事件，能让我清晰地记起自己是什么时候从项目主管变成了见习督导。但是有一个人是我走上督导之路的重要人和关键人，也是自己督导之路上的第一个幸运使者。她是我当时所在社会工作事务所的主管，也是我当时的督导。我记得我从项目主管到见习督导的转变，是从她安排我协助其帮助新同事熟悉工作岗位和协助其处理机构事务开始的。讲到这里，就想起来我当时对督导的崇拜，因为自己并没有去过社会工作发展比较好的南方城市，也很少有接触到真正意义上的一线社工的机会，所以第一次听到主管讲她从中山大学研究生毕业，跟着罗观翠老师在校实践社工实务，毕业后一直在社会工作机构从事社会工作六七年的时候，我觉得自己当时很长一段时间里看督导的眼睛里都闪着星星。我没有过追星的经历，但是我绝对感受到了那种崇拜和狂热。当然现在回想起来也仍然是一样的崇拜和尊重我的督导。后来，在不同的岗位上自己也接触了很多优秀的社工，甚至一些社工界的领军人物，但是自己好像很难再有这种激动和崇拜。那个时候的自己就是我督导的铁杆粉丝，所以在督导的支持下，我是绝对地抱着十二分的热情和全身心的投入，甚至在工作上自己很多时候都在无意识地模仿当时的督导。根据自己机构服务的情况和我本人的工作进度，督导手把手教我如何提升完善服务方案、如何在服务过程中保障服务的专业性，如何提升制作和完善 PPT，撰写服务宣传稿等。除了提升我的专业能力，还教会了我如何帮助新入职的同事熟悉工作内容，帮助其修改完善服务方案，协助督导完善机构的服务表格等。回想起来我的第一个督导并没有特别给我讲过督导是什么，督导应该怎么做，但是她会在手把手教我的过程中，分享她之前的督导怎么教她的，在她分享的过程中，我渐渐了解到督导在社会工作服务中发挥的重要性。也了解到督导不仅仅提供专业支持，还关心社工个人情感问题，督导也不一定非要在会议室完成，也可以在风景秀丽的公园里边走边聊，也可以在咖啡厅那种很温馨的地方敞开心扉。所以，我的督导之路是在我作为受督导者时开始的。

北漂一年后，我来到合肥，并加入了合肥市蜀山区民生社会工作服务社（以下简称民生社工服务社）。成了民生社工服务社的一员之后，应机构发展的需要，我离开了一线工作岗位，直接走向了“带人”的大中心主任岗位。需要解释一下大中心主任这个岗位。首先，大中心并不是一个中心，而是由7个中心组成的部门，只是当时这7个中心是在政策的催生下成立的，也算是试点中心，每个中心只有一个人，为了便于管理和支持这7个试点中心服务的开展，民生社工服务社专门成立了大中心的部门。其次，作为大中心的中心主任，我当时的工作主要是带人，帮助各个中心的社工做好与驻地的对接工作，以及协调各中心和所在地街道社区的工作。同时，引导各中心社工根据中心不同情况和服务人群的实际情况和需求，撰写工作计划和项目书，支持、监督服务的开展，支持社工个人的成长，并落实机构的各项管理制度，实际上发挥的是行政性督导的功能。在民生社工服务社期间，我再次遇到了督导成长的幸运使者，第一个是毕兰凤老师，也是民生社工服务社的法人。

首先，感谢毕兰凤老师愿意给我成长的机会和带着我学习怎么样带人，最重要的是愿意相信我这个严格意义上只有一年社工实务经验，并且只能算是浅显地了解督导知识的“菜鸟”，能够胜任发挥好行政督导的功能。这也是我最幸运的地方。对比北上广等社会工作发展较为迅速的地区，合肥社会工作的发展滞后很多，合肥社会工作机构出现了无人可用的情况，尤其是没有足够多的有经验的和合适的社工可用。在这种情况下，我们机构不得不大胆重用我这种实务经验相对不足的社工，所以培养我成为机构督导毕老师并不是不考虑机构承担的风险。根据自己的实际情况，我在民生社工服务社第一年的主要任务是在工作中学习增强自己的实务能力和实务督导能力，发挥好行政督导的功能。民生社工服务社在2009年11月注册成立，我在2013年正式成为其中的一员，这一年也是民生社工服务社发展比较关键的一年。2013 年，合肥市蜀山区开始实施社会工作岗位和服务项目的全覆盖，民生社工服务社和本机构的社工被推到了蜀山区 11 个镇街（园）54 个社区面前。虽然机构的服务范围拓宽了，但是在合肥社会工作不被接纳的现象普遍存在的环境中，机构和社工们也面临了前所未有的挑战和压力。外部的客观环境磨炼了我对专业的坚持，在协助社工与街道开展工作的过程中，有一件行政力量过分干涉社工服务的事情让我每每回忆起来总是耿耿于怀。事情发生在我们落点的某个街道，习惯了行政工作人员的立场不同，工作方式不同，但是有一次社工的服务方案在经过机构内部审核合格后，被街道对接人员以不清不楚的理由批评为不伦不类。在听到社工汇报此事之后，我建议社工再次和街道对接的工作人员沟通，找出方案不合理的地方。社工在沟通过程中被各种理由推脱，科长让找主任，主任又讲让找科长，次数多了，工作人员直接用脏话骂我们社工没事找事。我和督导沟通之后，直接跟此街道主管领导表明：脱离服务对象实际需求的服务，我们不开展，并要求政府工作人员尊重我们的社工。这个过程中，虽然自己坚持维护了社工和社工服务，但当时的心酸至今未忘。

2014 年，民生社会工作服务机构规模不断壮大，服务领域不断拓展。同时，因项目的增多和服务的拓展，更多新员工加入了机构。社工实务能力的提升、经验的积累成了机构管理工作的重中之重。在机构内部发展的前提下，民生社工服务社在 2014 年 7 月正式成立督导培训部。我被任命为督导培训部主管，成了机构内部认定的第一位从一线成长起来的见习督导，跟随合肥工业大学老师和合肥市社会工作发展领军人物周军老师及当时仍在合肥工业大学担任老师的叶士华老师学习。尤其是周军老师，帮助我从梳理督导培训部门规划、完善机构内部督导培训制度和表格，到带着我观摩现场督导来提升我的实务督导能力，这是我能够在很短的时间内成为机构名副其实的督导的关键。周军老师就是我在合肥遇到的督导成长路上的第二个重要的幸运使者，在接受周军老师指导的时候，我受益最大的不是实务督导的具体方式方法，而是作为督导要时刻保持最积极的学习心态。记得周军老师总是讲作为一名督导一定要有足够的学习意识，唯有如此，才能不断进步，才能真正担任起督导的责任。

经过民生社工服务社内部的重点培养和自己的督导实践，我也逐渐胜任了机构内部的督导岗位，开始独立开展督导工作。随着安徽省社会工作的发展，2017 年初，为进一步加强安徽省社会工作专业人才队伍建设，优化社会工作专业人才结构，提升社会工作专业服务水平，安徽省民政厅根据《安徽省“十三五”社会工作专业人才队伍建设规划》精神，通过政府购买服务的方式，委托全国社会工作人才培训基地——安徽师范大学开展了安徽省首批社会工作专业督导培养计划。经过各种筛选，我很荣幸地成为督导培养计划的一名学员，也希望自己能够早日从本机构内部认证的督导成长为安徽省认定的督导。

我一直称自己是专业出身的草根督导。因为，对比系统化的培训和学院式的集中学习，我的督导成长之路就是顺应机构发展需要，由社工前辈带领着成长的。这种师徒式的培养，言传身教多于课程教学，所以我一直是幸运的。

二、和受督导者一起成长

督导是另一个领域的社工，工作的服务对象从特殊人群变成了服务特殊群体的人。对自己来讲，走向督导岗位最大的挑战是不知道该怎么定位自己，因为没有系统地学习，在很长一段时间，我是和被督导的社工一起成长的。在督导的过程中，我逐渐明白了督导的作用、督导的角色、督导的价值感从哪里获得。尤其刚开始作为行政督导开展工作时，关注的更多是机构行政工作的完成，支持社工完成项目任务和指标，协助社工和合作方沟通。重复烦琐的工作，让我一度迷失，找不到自己作为一名社工的价值和意义。我最失败的也是一直激励自己一定要做好督导工作的一次经历，发生在刚开始走上督导岗位的时候。当时自己还不能把一线社工当作自己的服务对象，更不会想到需要考虑受督导者的真实需求，所以自己还总是把一线社工单纯当成自己一般的同事、下属。因此，在没有与社工建立正常的督导关系的情况下，部分社工累，我也累。我总是感觉社工怎么就是不能明白那么简单的事情。记得有一位社工，我对她的工作表现一直不是特别满意。在一次社区服务方案设计修改的问题上，经过多次督导，她的服务方案仍然没有达到我理想的效果，我控制不住，对这位社工发了脾气。作为她的直接领导和督导，我觉得自己先是耐心地解释为什么要求她按照我的意见修改，然后又讲了很多遍之后她还是不能理解，自己生气是理所当然的。现在想来，因为一直没有转变自己的角色，没有把她当成自己的服务对象，所以才不理解也没有想到或者问她为什么不能理解，只是一味地解释一定要按照我的建议去做，而且觉得她应该能理解。在我的耐心用尽之后，口不择言地告诉她如果还不能理解我的建议，就不要再找我了。挂了电话以后，我仍然没有意识到自己的错误，还觉得受了很大的委屈，于是我抱着受了很大委屈的心态和机构的领导，也是自己的督导抱怨一通，表达了自己对社工的不满。忘记了事后督导的处理，但是一直记得督导表达的意思：作为督导不能要求所有社工都和自己一个水平，应该允许并且给社工成长的时间和耐心。经过督导的开导和解释，我意识到自己的行为不当，并为自己的行为道了歉。很幸运，我和这位社工的工作关系并没有因此事受到影响，但是因为这次不成功的督导经历让我对这位社工一直感觉很愧疚，一种对自己能力产生怀疑的愧疚。也正是这种愧疚，让我下定决心一定要更加努力地做好督导工作，要对得起自己督导的社工，找到作为一名社工督导的价值和意义。

提到作为一名督导的社工价值，就不得不提到安徽省合肥市社会工作整体发展对社会工作机构和机构社工的影响。我是合肥市本土社会工作机构的一员，自然避免不了会受到大环境的影响。自 2007 年以来，在合肥市及相关区（县）等地方政府、相关高等院校的联合推动下，十年磨一剑，通过采取孵化专业社会工作服务机构、培育职业社会工作人才、搭建基层社会工作服务平台、购买社区治理类社会工作服务项目等综合措施，充分发挥了专业社会工作介入基层社会治理的积极作用。不仅编制了社会工作介入基层社会治理的“1 +4”社会服务政策，还形成了社会工作推动基层社会治理的“五社联动”社会治理模式，为全省社会工作介入推动基层社会治理的试点探索奠定了基础，积累了经验，作出了示范。总体来看，合肥市社会发展推动的政策多了，政府支持力度大了，社工机构多了，社工持证人员也多了，从事社工行业的人也多了。从这一点上讲，作为安徽省的一名社工对本地社工的发展信心也越来越足了。但从社工机构的实际来看，社工人才明显不足，人员流动性较大，对社会工作专业和行业本身持有热情和积极性的应届毕业生越来越少，社工机构人员招聘也困难重重。例如，近两年，从合肥市爱邻社会工作服务社和蜀山区民生社会工作服务社入职和离职情况来看，2016 年，两家社工机构的离职率一直在 26% 左右，机构入职率和离职率基本持平；2017 年，上半年离职率仍然在 26% 左右，但是入职率仅仅在 20%。作为民生社工服务社的督导，最直观的感受是：社工走了一批又一批，原来的岗位社工还没有到，离职的申请又来了；新来的社工大多数是把社工单纯地当成一份工作，学习的积极性变弱了，专业的关注度降低了。作为一名督导，面对流水般的离职社工，一直在不断地培养新的社工，送走老社工的过程中，怀疑自己的价值好像也不是那么奇怪了。我不能讲社工追求高工资有错，因为都需要生活；不能讲落地街道社区合作过程中的行政力量过分干预合理，因为本身自己也经历了这种拉锯式的痛苦；不能讲考公务员和事业单位就是不喜欢社工行业，因为离开的人还在不同程度地关注着我们机构的发展。因为修行和能力不够，在社工离职的时候，尤其是非常优秀的社工离职到别的行业发展的时候，自己总会受到不同程度的打击，也会影响我做督导的积极性。在自我琢磨和寻求外在的帮助后，说服自己的理由好像更简单了：留下的就是自己的成就。不再过分关注走了多少，而是把视角放在了留下的社工身上。的确，在经历了社工自我选择和机构的选择后，留下的都是很优秀的，在机构能够独当一面的社工。

作为一名督导，督导的过程也是自己成长的过程。从一名一线社工成为一名督导的时候，可能很多人都会有不同程度的压力。因为任职督导岗位之前没有经过正式的督导学习和培训，所以我一直感觉没有准备好胜任督导一职。还记得第一次正式督导之前的忐忑不安，在看到社工和我一样紧张的时候，我坦然告诉了社工自己的不安，表示自己是和社工一起努力成长。为了能够胜任新的岗位和工作，我大量买书增加阅读量，强迫自己养成多思考多反思的习惯，多听讲座、多关注各种行业信息让自己能够掌握多一点知识，都是在努力减少自己内心的不安，增强自己作为督导的自信。当然，后来自己积极争取参加安徽省首批社会工作专业督导培养计划也是想更好地胜任督导岗位。尤其是通过这次学习，自己除了可以获得机构内部现有的成长资源，也有机会接触更多的督导老师和更多的学习机会及资源。前面提到督导培养计划的时候，我讲自己希望通过这次计划，脱去“草根”的身份获得官方认证，可能有人不太能理解自己对官方身份的这种追求。也许刚刚成为督导的人能很容易理解我这样的心态和想法。因自我督导能力不足的不自信和这种不自信带来的不安，加上自己能够成为督导很大原因是因为外部因素而非自己真实能力，就使我更加希望获得他人的肯定和认可。作为一名经验不是特别足，督导经历比较浅的小学生，不安和对自己能力的怀疑一直伴随我的成长，所以在第一次接受督导计划培训的课程后，我最大的感受不是自己学了多少新知识，而是一种原来我没有做错的自我肯定。

三、助人和助人自助的距离

从一线社工的角色退出逐步进入督导的新角色后，我的工作内容也发生了一些变化。除了对一线社工开展管理、教育及支持的工作，也更多地接触到了机构的管理事宜，感受到了管理层面临的压力，所以更能理解机构管理层的一些决定和做法，也能站在不同的角度思考社工服务过程中的各种问题，尤其是对社会工作专业性的思考。在督导过程中，自己也发现受督导者遇到的最多的问题就是把握不了助人的度，主要存在以下两种情况：一种是不够，即了解不到服务对象的真实需求。这类社工有的是因为专业能力所限，缺少需求评估的方式方法，亟须专业服务技巧，有的社工仅把社会工作作为一份普通工作，尤其在项目化的背景下，社工基本上是按照政府购买项目的指标和服务数量开展服务，让服务对象感受到自己享受的服务是政府提供的免费好处；另一种情况是过度，这部分社工对社会工作专业很有热情，尤其是刚从学校毕业的社工专业学生，怀着一腔热血，就想为特殊的人群作点贡献，帮助他们改善自己的生活状态，社工基本上是按照自己本心和善心抱着自己是好人的心态在开展服务，此时社工做自己想做的事情大于满足服务对象的需求。不管是不够还是过度，对于一线社工来讲都已经背离了社会工作助人自助的目标。助人自助要求过程目标和结果目标同等重要，但是在开展服务中，因为要在过程中改变服务对象，有时候就需要社工自己给自己制造麻烦。民生社工服务社的服务部分以社区为服务对象，此类服务一般需要强化社区居民的社区参与意识和能力，如果仅仅是坚持助人的理念而非社会工作助人自助的专业理念开展服务，社工的服务就很容易把服务变成社区活动的简单累加。

在督导的过程中，自己需要学习的地方太多，也在不断地成长。作为初学者，我曾特别纠结过督导在本机构内的角色和定位，不仅要对社工负责，也要对机构督导整体工作的开展和机构管理工作负责。我坚持自己的服务对象是机构内的社工，在开展督导工作时会关注社工的成长和发展方面，但是我也清楚服务一线社工的目的是为了保障机构专业服务品质，维护机构的利益。在纠结了很长一段时间后，我对自己的要求是先帮助社工做好机构的员工，然后再做好一名专业的社会工作者，简单地讲就是“先员工后社工”。

在机构整体督导工作方面，督导的工作与机构的管理工作密不可分，对于两部分工作如何配合，怎么能够配合好，根据机构实际情况，我作为机构督导工作一把手在不断地摸索尝试过程中反思和改进。在督导岗位设置的时候，我们特别注重中心主任即中层管理人员和督导工作的配合，要求督导来批注一线社工的文案，中心主任签字确认，支持督导意见的执行，这种方式弱化了中心主任的权力，督导也不清楚自己和中心主任的区别。针对上述问题，在得到机构管理层许可后，我把督导直接参与社会工作文案审批工作，改为督导把文案撰写能力提升作为督导支持社工成长的工作。这次调整之后督导和中心主任没有了权力之争，但是出现了工作沟通不畅，彼此信息不对等的情况。为了解决方案调整后的新问题，我和机构管理层从机构督导工作制度上入手，一方面要求督导必须将督导记录发送中心主任，帮助中心主任理解对社工的督导情况；另一方面要求督导在督导前与督导后及时与中心主任沟通了解社工平时工作状况和中心主任评估时遇到的问题。在从督导制度上明确了督导和中心主任的分工和合作之后，督导和中心主任的问题减少了，但是督导和一线社工之间的问题凸显了出来。出现了社会工作者直接把问题抛给督导，让督导提供答案，自己不再思考的情况。在这种不断地尝试探索过程中，机构的督导工作制度更加完善，我自己在督导方面也成长了许多，当然我仍然在思考机构督导工作应该怎么开展才能更好地提升社工的专业能力，增强社工对机构和行业的归属感。

在我参加督导培养计划的第一次学习中，总督导朱眉华老师提出了社工督导在机构的三大功能，即行政、教育和支持功能。但是对于一线社工或者被督导的社工来讲，督导的作用仅仅是教育和支持吗？我自己也有一点不同的看法，从事多年社会工作服务之后，很多社工会出现职业倦怠的现象。这种情况，归根到底是对社会工作热情的减弱或丧失，在自己督导的过程中，我发现社会工作最欠缺的不是方法技巧和理念基础，欠缺的更多是对行业的热情。随着知识的积累和工作经验的增加，社工服务方法、技巧和理念都可以不断地完善和娴熟，不管什么行业，时间久了都可能成为专家。但是社工对行业的热情，对服务对象的真挚关怀，对社会工作专业助人自助本质的专心，很可能在项目化工作和利益相关方的沟通中慢慢减弱，甚至消失。没有了职业热情就会出现职业倦怠；没有了对服务对象的关心，就很难用心发现服务对象面临的实际问题和真实需要；没有了社会工作专业的助人自助，社会工作就成了一份重复着个案、小组和社区活动指标的毫无意义的工作。

与督导经验丰富的督导老师们相比，我还仅仅是一名督导方面的“菜鸟”，仍需和受督导者同步学习，同步成长，亦师亦友，友的作用大于师。我用自己的本心影响着受督导者，用真心感受他们在一线服务过程中遇到的行政干预、服务困惑和个人家庭生活的各种问题，引导他们思考作为一名员工、一名社工的不同，不断明确自己的发展方向。在督导工作的 5 年时间里，送走的社工比留下的社工多，其中不从事社会工作的比继续从事社会工作的人多，而不再从事社会工作的也还在一直关注社会工作领域的发展。

督导路不易　且行且珍惜

徐晓磊

第一次接触“督导”这个词是在大学课堂，当老师讲述社会工作行业中督导的功能以及开展督导工作的情境描述时，我在心里将“督导”和“高手”画上了等号。在实际工作中，我始终认为：一个优秀的督导者，必然能将理论与实务完美地结合，并且通过自身的工作很好地回应一线社工的需要和做好专业辅导。

作者简介：徐晓磊，男，毕业于黑龙江工程学院社会工作专业，中共党员，中级社工师，深圳市灾害社会工作志愿服务队二级队员，深圳市社工初级督导。2008 年开始从事社工服务工作，先后服务于社区、军休领域，曾获深圳市十佳社工、十佳督导称号，所撰写的青少年服务案例及危机介入案例曾获得深圳市“十佳优秀案例”金奖、广东省社会工作历年优秀案例精选案例奖、全国社会工作优秀项目案例评选优秀奖等荣誉；《“为老服务”社区社会工作督导项目的经验研究》一文被收录于《社会工作督导——理论与实务及本土经验反思》。

自参加工作以来，笔者参与了一些社会工作项目，并撰写了相关的社会工作案例和专业的文章。2010 年，参加深圳市第二届公益项目创意大赛，所在团队申报的《手扶夕阳——社区老年人居家安全评估》项目获得“大赛二十强”；2012 年，在深圳市社会工作行业评优活动中，荣获“深圳市十佳社工”金星奖；2012 年，在深圳市社会工作行业评优活动中，所撰写的案例《同参与　共成长　齐欢乐——工业社区青少年课外拓展系列活动》获得“十佳优秀案例”金奖；2013 年，在民政部组织开展的全国社会工作优秀项目案例评选中，所撰写的《同参与　共成长　齐欢乐——工业社区青少年课外拓展系列活动》案例获得优秀奖；2014 年，赴上海参加“展望家庭的未来：政策与实务”亚洲区家庭研究联盟第四届研讨会，并就《论城市社区新生儿家庭的社会工作介入手法》作主题发言；2015 年，在深圳市社会工作行业评优活动中，荣获“深圳市十佳督导”金星奖；2015 年，在深圳市社会工作行业评优活动中，所撰写的案例《优势视角下的危机介入——光明滑坡事件介入反思》荣获“十佳案例”金星奖。

一、初识社工

我通过高考进入了黑龙江工程学院攻读社会工作专业。在这之前，作为一个对高考志愿填报一无所知的考生之一，我并不清楚很多专业之间的联系和区别，所以在得知自己被黑龙江工程学院社会工作专业录取的消息后，除了考上大学的喜悦之外，我还带着很多对未来学习生活的憧憬和向往，可能更多的是懵懂，就这样开始了自己的大学4年学习生涯。

大学4年，系里的各位专业课和公共课老师对我们的关怀无微不至，在他们的谆谆教导下，我们有幸可以参加较多的社会实践和专业实习。慢慢地我们从对专业的一无所知，到一点点地知晓社会工作，熟悉社会工作。在老师的言传身教下，社会工作助人自助的专业价值观对我的人生观产生了很大的影响，虽然很遗憾没有在成绩上表现得多么突出，至少，在心里萌生了立志于从事社会工作的信念，并随着一次一次的在校社会实践活动不断夯实并坚定下来。

2008年2月，虽然还未毕业，但此时已坚定要从事社会工作职业的我便来到距离哈尔滨3894公里远的深圳。通过应聘，我成了一名岗位社工。此后的3年里，我先后从事优抚领域、社区领域、青少年领域、军休所内的安置领域的岗位社工工作，而之后的4年，我开始转型从事社区服务中心一线实务工作以及服务管理工作，并在社区层面开展社会工作服务。2012年，我开始从事督导助理工作，从2014年3月开始从事初级督导、社会工作培训等工作，并继续开展一线实务工作，延续至今。

一路走来，风雨兼程，9年多的时间，有人不断地从这个行业中匆匆而过，但我从未放弃，只因心中坚守一个梦，一个关于社工的梦，梦想着有一天，中国社会工作的发展能有我们浓重的一笔。

（一）督导初体验

第一次接触“督导”这个词是在大学课堂，当老师向我们讲述社会工作行业中督导的功能以及开展督导工作的情景时，我在心里就将“督导”和“高手”画上了等号，并开始认为能成为督导的人必然是在理论与实务上有一个完美的结合，并通过自身的工作很好地回应社工的需要，同时也能做好专业辅导、能带好小组。

大学的恩师算是我的第一个督导，她在各方面给了我很多的启发，而在深圳从事一线社工工作时，我们所接受的由深圳市社工协会所链接的各位香港督导的督导服务，也时时刻刻冲击着我对“督导”的认识。多年的督导工作积累让我明白了，督导除了要有较高的理论水平和丰富的实务经验，更重要的是能够将助人的理念和专业反思时刻贯穿在专业督导中。于是从这个时候开始，我对督导的认知由“督导即高手”变成了督导更是“有血有肉的社工人”。在这样的认知指导下，我一步一步地走在社会工作的实践道路上。

从2008年2月第一天上岗开始算起，我从事社会工作服务已有近10年的时间，其中纯一线服务将近5年，而后的4年多时间里则是督导工作和一线工作结合开展。在这些年，我先后接受过香港督导、深圳见习督导及初级督导的督导服务，他们在督导过程中所传递给我的理念和技巧直至现在仍影响着我，陪伴着我走过了前几年的社会工作实践生活，而在这期间，督导也成为我能够得到的一种很特别的支持。慢慢地，最开始从事一线社工的我开始转变了思维，在做好专业服务的同时，也期望可以通过一个新的职业角色，用积极的价值观来影响机构的其他社工，让每个社工都能在工作中展现自己好的想法，在工作中不断地相互影响、相互促进，在工作中传递正向思维，完成好每个人的工作目标。而“督导”这一角色，无疑满足了我对这一角色的定位和期待，所以在深圳市社协组织初级督导选拔工作时，我积极参加，在经历了笔试及面试之后，争取到了宝贵的督导资格，并最终成为深圳市社会工作初级督导的一员。

（二）探寻督导专业之路

成为初级督导后，我也在不断地进行自身的理论学习及专业实践。除深圳市社协规定的80学时培训外，2014年，我主动参加了企业培训师考试，并接受10天80小时的培训，学习如何更好地设计培训课程及开展培训；接受深圳市社协针对初级督导资格人员PBL培训课程，学习如何做一个督导，并在中华基督教礼贤会彩云综合青少年服务中心进行为期5天的驻点学习，以深化社会工作服务的理念并提升实务技巧。正是这些日常的积累，使我在督导路上越来越有信心。

附：中华基督教礼贤会驻点学习内容如下：

学习香港地区督导在督导过程中使用的价值理念以及遇到价值分歧和伦理困境时的处理策略。

1. 了解香港地区督导在从事督导工作中的价值理念

学习目标	了解香港地区督导在从事督导工作中具体有哪些价值理念，了解强化督导价值理念的2种方法
完成情况	已完成
达成方式	访谈礼贤会彩云综合青少年服务中心服务督导主任林女士
成果说明	驻点单位的督导在工作中会坚守一定的价值理念，但这些内容不会明文写在机构文件中。通常作为一名督导及社会工作者，会坚守机构的信仰和使命，例如具有教会背景的服务机构，会在开展服务及督导时尊重教会的教义；遵守社工专业价值观和职业操守；在大的方向上，也会遵循法律、道德以及社会伦理的约束。而强化价值理念的方式通常为在工作会议时，督导带领员工一起回顾单位及机构的价值使命；在督导时，和员工一起分享服务的细节和感受，强化价值理念

2. 学习督导过程出现价值分歧时的处理策略

学习目标	学习1—3种香港督导和受督导的社工在服务开展时出现价值分歧时的处理策略
完成情况	已完成
达成方式	访谈礼贤会彩云综合青少年服务中心学校及社区服务统筹蔡社工及该组社会工作者吴女士
成果说明	在对同一组的督导和员工访谈时，采用的方式是针对同一个问题，来对比督导和员工的回应，从中收集他们对于在服务开展产生分歧时的处理策略的共识。主要有两种方式：第一种是如果社工接纳督导的意见，则督导会尽可能地提醒社工应该注意的细节和价值判断，社工将服务尽量完善；第二种是社工不接纳督导的意见时，则督导不会运用行政压力去制止社工的行为，而是让社工自己在活动后判断该价值分歧所对应的后果，从而为其积累解决问题的经验

3. 了解无法回应困境时的应对策略

学习目标	了解香港督导面对员工在督导过程中所表达的困境或伦理困境无法回应时的一般应对策略
完成情况	已完成
达成方式	访谈礼贤会彩云综合青少年服务中心服务督导主任林女士
成果说明	在访谈过程中，林督导表示单位中比较少遇到督导对员工所表达的困境和伦理困境无法回应的情况，但还是利用自身经验给予了对这个问题的解答。通常在督导自身无法回应时，可以通过三种方式来解决这一问题。一是判断该服务是否符合机构的服务宗旨和使命；二是如果该服务是机构服务的弱项，则会转介到对该服务有优势的其他社会服务机构，从而更好地回应服务对象的需要；三是安排机构内认同该服务伦理的员工负责（例如服务对象是同性恋，但有的员工不接受这样的行为，而机构的服务宗旨里又没有强制要求接受的情况）

注：上述内容摘自徐晓磊2014年初级督导PBL学习总结报告。

通过了五天的小组学习，我们三名组员不仅对PBL的学习形式有了更多的认识，也不断地借助在香港的学习过程和成果，反思自己平时的督导工作，在督导角色、督导方式、督导内容上，都有了更加具体的反思和改进。在香港的学习结束之后，我们也制定了PBL在实际工作中的应用预案，并开始在实际督导工作中寻求转变。

范围	反思及对策
1. 针对督导助理的培养方面	督导助理的个人才能和工作情况，以及其想在行政或专业领域方面的探索、目前所遇到的困难等情况各有不同，若采取以往传统的教育或督导方式，可能使得督导助理有明显的成长，但成长的效果维系时间不长，其动力也将受到影响。在今后的督导助理培养工作方面，可常规采取PBL的学习模式，使得督导助理清晰地明确在自身成长、协助一线社工成长等方面的目标，以及对此而采取的各项工作措施，最终使得督导助理能发挥主观能动性解决困难、达致目标

续表

范围	反思及对策
2. 针对一线社工培养方面	目前许多一线社工出现了专业技能缺失、职业倦怠、价值观不明朗等多方面的困扰，这些内容不仅影响一线社工自身的投入感以及参与感，也会对专业服务的质量产生影响。为更好地使一线社工厘清自身的价值观念及目标，切实推动相关服务，在针对一线社工制订个人成长方案时，将采取 PBL 的学习模式，鼓励一线社工将自己的需要和发展的动力相结合，制订并实施个人的成长方案 同时，也应关注到，之前督导所在的社工机构也推行过个人成长方案，但在过程中缺乏有效的监管或鼓励，使得许多同工的个人成长方案纸上谈兵。若今后采取 PBL 学习模式对同工的个人成长方案进行设定，则需将切实的时间推进表格添加进来，确保方案的执行

注：以上表格内容摘自徐晓磊 PBL 学习报告。

踏上督导之路，伴随惊喜和责任感同来的是对于督导工作的迷茫。在这条路上唯有不断进步才能真正有所得、有所求，而不断进步又需要更多地参加一线实务和专业学习，因此督导需要从理论和实务方面不断进取，才能给予社工、给予机构、给予行业更多的支持和贡献。

二、我的社工之路

（一）在经历中反思

作为一名督导，曾经的工作经历是我的社会工作生涯不可缺少的一部分。通常社工关注一个督导，会比较倾向于从这个督导曾经从事过哪些领域开始，而我在从事督导之前的工作经历，看似“杂乱无章”，但是我自己知道，自己走的每一步都是“乱中有序”，且每一次工作上的变动，都能够带给我一些全新的工作体验和经历。

2008 年 2 月上岗之初，我是一名区民政局的优抚社工，负责协助优抚科工作人员开展优抚对象的安置服务工作以及收养登记与审批工作。这是一份岗位社工性质的一线工作，除了在工作中需要小心翼翼地处理与优抚对象的关系之外，日常还需要与其他科室的沟通与协调。在优抚科的工作经历，让我能够积累更多的与政府民政部门打交道的经验，虽然其中也有磕磕绊绊，但也算是平稳度过。

2008 年 9 月，我被调到了区民政局下属的民政社工综合服务中心，这一机构和几年之后在深圳出现的社区服务中心在形式上很是相似。该中心主要以民政服务对象作为基本工作对象，利用社区的平台开展服务。在中心工作的同事基本上都是之前被派驻在民政局各个科室的社工，有优抚科社工、社区办社工等，大家之前的工作经历都对这个时候的工作起到了一些好的作用，尤其是在之前的一些行政关系的处理和维护上，让我们虽然以社区作为根据地，但是也未脱离必要的工作资源。在这段时间，我们在工作中开展了较多的老年人、青少年以及家庭领域的社区活动，积累了初步的社区层面的服务经验。

2009 年 5 月，我又被调到了深圳市军队离休退休干部第二休养所，成为一名驻所岗位社工。休养所里居住的基本上都是有较长时间从军经历的老人和家属，在退休后仍有被关注及自我实现的需求，而与此同时，社工需要与用人单位沟通协商，共同助力为老人提供包含日常生活照料、服务资源链接、社会互动参与等类别的服务。在这个阶段，我对精细化服务的理解更加透彻，也收获了如何收集老年人需求、回应老人需求、老年人服务策划及开展的技巧。

2012 年 4 月，深圳开始初试以社区党群服务中心的形式开展社区服务，于是我接触到了深圳市信实公益服务发展中心的以社区为基础，以引进资源，开展公益项目与社工服务相结合的工作理念，并开始在村改居社区开展社会工作服务。在这个阶段，无论是专业上，还是生活上，都是我人生中重要的转折点，用家人的话来说，人生中的大事基本都在这个阶段完成了。一方面，我选择信实是因为总干事有着真正的公益服务理念，并强调整合社区资源、社会资源推动社区服务，这是我之前在经验上欠缺的部分。因而在整个阶段的服务过程中，我逐步加强了对项目申请、运营、执行、管理等各环节要素的学习与执行。与此同时，团队协作成了这个阶段服务的主要开展方式，社区服务中心内的同工有的有丰富的经验，有的有较强的沟通能力，有的还需要成长，如何将一个中心调动起来，将每一名同工转化为“人才”，将人才培养成“专才”，是我在这个阶段重点学习的内容。此外，社区党群服务中心的服务是探索，也是尝试。在这个阶段，我经历了最开始的迷茫和冲突，转变至逐步明确中心服务方向和内容，至后期能有效整合中心资源及能力提供居民需要的服务，并有效地摸索出适合的工作模式。也正是在此阶段，我进入了督导行业，正式成为一名督导。

2015 年 3 月，我进入另外一家机构，从事督导工作及培训工作，在这个阶段我尝试从机构管理，尤其是服务管理的角度，结合社会工作领域的人才现状及发展路径，作相应的匹配督导服务，并直至今日仍在这条路上奋斗着。

每一次的工作变动，都会带给我一些全新的工作体验。虽然有的人常说，一个社工要在一个服务领域长时间地深耕，才能达到很高的职业技能，我也很赞同这个观点，长期坚守在一个服务领域，可以让一个社工更深入地了解这个领域的林林总总，同时也可以积累很多的开展服务的工作经验。而同时我也希望，能够在有限的工作时间里，尝试更多的服务方式、服务手法，让自己可以从更多的角度实践这个行业。

（二）在反思中前行

虽然我有一些理想，但现实的骨感也会经常刺痛我。在转变角色成为社区社工后，我们也收获了质疑，会有人认为社区服务的开展缺乏专业性，常规的基础性服务是无效的甚至是不必要的；也会有某些组织的领导借由各种原因希望剔除“不听话”的社工；用人单位人际关系的复杂让我不知所措；转型期间究竟是“专”还是“转”的纠结；进入社区服务中心后的巨大压力；在行业内看到一些乱象后的心寒，以上种种都给我带来过巨大的冲击，有的至今还在影响着我。而每当看到有服务对象因我们的付出得到改变，因我们的坚持而相信社会，看到仍有同行者在不断努力，我便慢慢释怀，坚守。其间有很多人在知道我从事了将近

10 年的社会工作，便会很惊奇地问我，是什么让我坚持，我会回答，是服务对象的改变。因为在服务对象获得成长、发生改变之前，我们做的所有工作，可能都是“准备”工作，所以千万不要因为没有看到服务成效就轻言放弃。坚守理念、坚定信念、坚持到底，才会有人因此改变，社会也是这样。

（三）做到不忘初心

在社会工作这条路上，想原地不动很容易，想要踏实地一步一个脚印却很难，因为现实总是在变，无论你在哪个位置，我们依然要面临很多的困难和迷惑，当然其中也有诱惑。置身于社会服务行业环境中的源源不断的压力，使得社工不仅要诚实地面对自己内心的波澜和起伏，更要辨别不同的机构以及组织对于工龄较长的社工的热切需求，以及借此而来的薪资增长的诱惑。此时我便开始思考，遵从自己的兴趣和专长，并借此可以找到内心的平衡点，让自己可以更从容地开展督导工作和面对现实情况。通过不断思考和对工作的梳理和总结，以及和同事多次的讨论，我终于找到了一条可以让我们更好地接纳自己、发展自我的道路，那就是社会工作的价值精髓本身——助人自助。只有不断地提升自我专业素养、夯实自我专业能力，用我们的专业行为影响服务对象作出改变，再用服务对象的改变来“回馈”自身，坚定我们的助人信念，不间断地走在助人的道路上，我们才能宠辱不惊、内心平静。

三、心路历程

（一）最开始的我

2008 年刚刚从事社会工作的我，还带着骨子里那种对专业的“稚气未脱”和“浅薄”的理解。说稚气未脱，是因为虽然我们学习了 4 年的专业课程，也在期间参加了多次的实习和社会实践，但那时我们的身份里始终还带着“实习生”的角色设定。在我们前面，有老师帮助我们联系实习基地，联络实习地点，设定服务的内容和模式；在我们后面，不仅有老师们定期地督导和实习总结会议，也有同学们相互的支持和帮助，因此我们过的是“吃穿不愁”的实习岁月。

而毕业后的我们，从开始找工作时就面临了算得上人生中第一次的“考验”。作为黑龙江工程学院的第一届社会工作专业本科毕业生，也是东北第一届社会工作专业本科毕业生，我们带着老师们的殷切期望走出校园。但接下来的多数时候，我们也感受到了社会大众对我们的不知晓、不理解，甚至是怀疑，心中还是有很多的失落和彷徨。如何应对这些感受，大学课堂并没有教会我们，同时这些经历也让我们知道，对于我们，生活的考验可能才刚刚开始。

在我的认知中，深圳的社会工作起步相对较早，虽然国内专家学者对于中国社会工作到底起源自哪里有很深入又有些许激烈的讨论，结论暂且不谈。但是不可否认的是，深圳社会工作起步初期，大概是在2007年左右，还是带着较浓厚的政府主导、社会力量参与的阶段特征。我认为那时的深圳社会工作算是有一个较好的顶层规划和设计，政府和社会组织之间的信任感在某些服务领域还是比较好的，那时的深圳也为社会工作专业学生提供了一个良好的就业环境，而我也是向往者之一。2008年春节过后，我便匆匆地来到了深圳，投身到深圳社会工作行业这个大家庭里来。

那个时候社会工作专业的毕业生还不是很多，至少期望投身社会工作行业的学生还并不多。很多居民的服务需求还是通过政府层面传递给社工机构的，因此在社会上从事社会工作服务的专业人员数量较少，且基本属于以政府的需求数量为主要影响标准，所以在整个社会上从业的社工人数并不多。在服务的设计和实施上，也是以政府主导、社工机构策划实施的方式进行，购买社会工作服务的各级政府部门和事业单位还处于期望引进社会工作专业理念、探索合作模式的阶段，而我们被派驻在民政局的社工也就是在这个状态下开展专业工作的，一方面我们希望通过所学习到的专业知识，开展有效的服务；另一方面又会结合所派驻科室的实际工作情况策划服务。虽然内心是希望可以很平衡地开展各类服务，但那个时候年轻的我们并不能很好地平衡专业工作和科室行政工作之间的关系，所以经常会在二者中期望作出非此即彼的选择，内心也对所从事工作的“专业”与否有着异乎寻常的执拗。

初来乍到的我们，心急地想为服务对象开展一切尽可能的服务，但是现实情况总是会无情地打击我们这些不切实际的想法。那个阶段的我，除了心潮澎湃地制订各种针对服务对象的工作计划，有时也会在面对服务对象无法参加服务时的失落和苦恼中度过，这在当时确实是很常见的状况。过往场景历历在目，也充分证明了上文所说的我在工作初期自身所带的对于专业理解上的“稚气未脱”和“懵懵懂懂”。一方面，希望能够尽快地、毫无“阻力”地开展专业服务；另一方面对于社会环境的实际情况缺乏了解，对于政府部门的工作模式以及社会工作如何介入普通居民或者民政服务对象的服务需求缺乏最基本的辨识和分析能力。由于对于各方面的工作缺乏协调和沟通，使得那个阶段所开展的工作成效并不明显，甚至可以说是缺乏成效。

（二）各阶段的我

在被派驻民政局科室的工作时期，香港督导对于我的影响是比较大的。那个时候香港督导不仅仅会通过持续的跟进和面谈来确定我们的工作进展，同时也会通过观察我们在实际工作中的表现来衡量我们的表现是否可以更好。在和我们一起处理我们所产生的情绪的同时，香港督导也会不断地关心我们的生活，这让我在那段日子里，还是比较从容地处理了很多问题，虽然没有在专业上有所建树，至少也对当时的工作情况和可能的服务发展方向有了初步的辨识。

经过了第一阶段中对于现实的迷茫、专业的执拗之后，在后面的不同岗位的工作当中，我也尝试在自己身上作出调整，虽说称不上及时，但现在看来，也算得上是处理得当。

在民政综合服务中心的日子虽然不长，但还是很开心。我们可以暂且抛开可能是我自己认为的所谓的“行政压力”，几个同事可以一起到社区公园、广场、活动室开展服务。我们有更多的时间可以面对服务对象，例如社区老年群体、社区义工、青少年、亲子等，对于服务需求和服务内容有了更多的认识。那个时候也第一次在工作中有了“团队合作”“服务策划”“服务满意度”的概念，这些感受也影响了我在后期开展专业服务时的心态和工作状态。

接下来在军休所的岗位社工工作经历依旧使我记忆犹新，不单单是我在军休所里服务了3年的时间，对于服务对象有很深切的感情，同时也是因为在那个阶段，我和另一名社工组成了一个小的工作团队，和军休所的工作人员一起，为所里的服务对象开展的各类服务。常规的康乐活动是我们当时经常选择的活动方式，那时与所里生活的老干部的互动和情感上的交流，远远超出了我们对于“服务对象”这四个字的理解，感谢那个时候的“服务对象”，让我们可以作为一名社工，得到服务对象真实的反馈，听老干部们讲述战争时期的经历，如何在“活下去”的思维下斗争和生存，创造新的生活。这段时间也让我向所里的老干部们学到了如何做一个“有价值”的人，也让我反思到，有时自己很矫情地认为政府既然购买了社会工作服务，就应该营造一个适合开展社会工作服务的环境，但其实社会环境就是这样，政府购买服务是为了可以解决当下遇到的问题，可能环境本身就是这样的，需要社工面对困难的环境开展工作。如果政府能够给社工营造环境，那为什么不直接给居民营造环境，社工存在的必要性就要大打折扣了。这些要“接纳”社会环境的思维在后期很长一段时间影响着我和我的同事。

在社区服务中心时期的我，开始更多地倚仗团队和社工，因为我知道，“团队”这个词不只对我很重要，对于我的同事也一样。在服务中，我们是好伙伴、好战友，我们一起策划服务，一起开展服务，一起感受服务对象的喜怒哀乐。在刚加入社区服务中心时，我们便抱着“总有一天，社区可以变得很好，我们社工就离开”的畅想和规划。实践证明，这个理念不只影响当时的我们，直到现在，哪怕是我已经离开这个社区3年多，现在的社工依旧在践行着这个理念，在服务中不断挖掘社区居民的潜力，努力地发展社区志愿者，教会他们如何策划服务，开展服务，这些场景让社工感到无比振奋，社工与社区志愿者各司其职，让我对“团队”概念的理解更加深化。“团队”不单单是几个人组成，仅仅为了完成工作，更是一种能够在心灵上相互扶持、行动上相互信任、观点上相互补充、分歧上相互完善的良性的小群体结构。我也很庆幸，虽然那个时候也会有人员上的流动，但是每个新人在加入团队后，总能最快地找到自己的定位，和其他成员自助互助。这些理念和工作方法很大程度上一直影响着现在的我，让我在工作中不只是去单打独斗，而是在更多的时候选择群策群力，让每个合适的人作适合的决定。在服务中心时，由于从一开始我们就建立了一支很稳定的志愿者队伍，他们乐意分享、不批判、包容，这些志愿者身上的特质也反过来影响了同行的社工。

在经历了不同岗位的历练之后，我也成了一名初级督导，从之前的一线服务管理人员变成了“社工背后的人”。在最开始，由于不适应这样的转变，尤其是某些瞬间，感觉身边失去了自己以往的“团队”。虽然每个月也可以进行一次个人督导和一次集体督导，但这种频率和以前在一线开展服务时的朝夕相处和共同进退有很大的区别。加之做督导之后所增加的机构行政和服务管理等工作，使我面对社工的时间远远没有之前的多。但这也是一个正常的转变，毕竟工作内容和工作性质都变了，工作环境也变了。虽然在早期，自己也确实是适应了很久这个转变，但是最终还是在内心里能够接受这些转变，同时也在后面希望能够很好地发挥“督导”的角色和作用。

（三）现在的我

如果算上从事督导助理的时间，到目前我已经有 5 年的督导工作经历，但我依旧不敢确定自己是不是一个合格的督导。在这期间，我不断地调整角色，和社工一起从事专业服务，期望能借助不多的机会近距离地感受社工的酸甜苦辣。同时，我也和机构其他督导一起从事服务管理和培训工作，虽然没有使机构在这些层面的情况达到完美的程度，但也还是促成了很多正向的改变。对待团队中那些想寻求改变的社工，我自认为自己能把正向积极的理念传递给他们。虽然现实中少了当年那些

“荣辱与共、共同进退”的团队成员，但是依然有很多人跟我一样，有共同的目标，期望通过开展专业服务、营造良好的服务管理环境，作出一些改变和进步。虽然这其中也有一些不尽如人意的事情，但是我们依旧可以一路同行。

现在的我，早已学会了面对困境，哪怕暂时解决不了问题，也会积极地思考能够解决的方法。一条路走不通，那就换一条路继续走，走通为止。努力地寻找志同道合的人，在坚定自身的助人价值的同时，影响更多的人。我越来越确信，我应该可以成为那个“社工背后的人”，成为一个社工信赖的人，在战斗的时候愿意把后背朝向我的那个“督导”。

四、督导路不易，且行且珍惜

深圳市社会工作行业在遴选督导人才的机制上还是较为完善的，主要以一线服务年限以及专业水平作为衡量标准，这就意味着我们只有踏踏实实地做好一线服务方能脱颖而出，这也决定了踏入督导这条路是不易的。所以，即便是现在已经成为一个有“督导资格”的督导，我依旧期望可以有更多的时间从事专业服务。因为我内心知道，只有和服务对象一起，和社工一起，我才能做到内心平静；只有在过程中珍视改变，才能在工作中有动力不断前行。

能够通过持续开展督导服务，影响越来越多的社工，这条路走下来也是不易的。一方面，相比社工，督导本身对于社会工作价值观、职业伦理、专业技术等应该有更深刻的体会和把握。社会工作行业的督导也同时被赋予了很多的角色，使得督导与社工之间、督导与机构之间、督导与用人单位之间都还需要慢慢地磨合，很多督导层面的经验有必要积累、沉淀。另一方面，我们还需要从“能力视角”和“发展视角”出发，提升社工的服务水平，在工作中和社工共同成长，不断地丰富自身的理论和实务能力，让我们的正能量影响更多的社工，做更多人的“向日葵”。

目前，社会工作发展的成果来之不易。未来不只需要社工坚定信念，继续前行，督导也一样需要坚定服务信念，用自身的行为和价值观，影响社工、影响机构、影响政府、影响社会，为社工营造属于我们的“社会环境”。对此，我们信心满满。

督导路不易，且行且珍惜。

结语

多样化的社工　多元化的督导

二十年督导云和月

张洪英

督导培训，为中国督导人才的培养而战！近几年，我除了通过社会工作实务督导，培养社工服务人才之外，还在很多地方通过培训，传递督导知识，培养未来的督导人才。20年的督导过程，辛苦着，成长着，奋斗着，快乐着！我喜欢这个过程，享受这个过程，我将继续前行在社会工作督导的路上！

作者简介：张洪英，山东大学哲学与社会发展学院社工系教师。香港理工大学社会工作硕士、博士。中国社会工作教育协会社会工作督导专业委员会主任、民政部“大爱之行”项目督导，曾任山东省基爱社会服务中心理事长、督导等。

从1996年的北京大学进修至今，我从事社会工作教育和社会工作实务已经有20多年了。20多年来，在北京大学和香港理工大学老师的辛勤培养和自己的不懈努力下，我成长为一名专业的社会工作教育者和专业的社会工作者，同时我也成长为一名专业的社会工作督导者。2017年，中国社会工作教育协会社会工作督导委员会与中国社会出版社合作，计划出版一套关于社会工作督导的系列丛书，目的是推动中国社会工作督导事业的发展。作为该套丛书的主要推动者，借此机会，有时间静下心来，一点点一幕幕去回忆、思考和解读这20多年来，我为什么要努力使自己成长为一名督导者？我如何成长为一名督导者的？我又如何去做一名有效的督导者的？到底是什么动力、什么力量让我一直奔跑在督导的路上……就在2017年“百校对口扶贫计划”成都会议上，我的同学也在问我同样的问题……

一、教学需要让我认识了督导

1996年，我去北京大学进修社会工作专业知识，师承王思斌、马凤芝和夏学銮等老师。一年进修结束后，我回到了山东女子学院（中华女子学院山东分院）社工系讲授《小组工作》和《社区工作》，并负责社工《专业实习》教学，包括实习基地建设、实习课程建设、实习课程实施和实习督导等工作。当时情境下，我没有接触过实习督导，国内也没有关于实习督导的教材和教学参考书，也没有可借鉴的经验，一切都是从零开始，从没有生命的干枯的荒漠中开始，从主观经验出发，在懵懵懂懂和跌跌撞撞的摸索中前行。现在回想起来，那时的督导，我感受到的是无能、无力和无助。我需要机会、需要学习、需要增能、需要支持网络、需要阳光雨露、需要“春天”的到来。

二、被督导中学得实习督导的专业知识

2000年，我有机会攻读香港理工大学MSW课程，根据课程要求和安排，我进行了三次专业实习，其中包括本地山东济南的“观察”实习，上海和香港等地的“实战演练”实习。济南观察实习的督导形式是网络督导和现场面对面的督导两种形式，网络督导者是香港理工大学的顾若涵老师，面对面督导者是叶嘉宝老师；上海实习的督导形式也是个别、网络和现场形式，督导老师也是顾若涵；香港的实习督导形式是面对面，督导老师是杨锡聪老师。

第一次“观察实习督导”，让我知道了社会工作实习应该督导实习学生做什么，即撰写学习契约，建立专业关系，进行社区探访并撰写社区探访报告，进行个案、小组、社区、政策、行政等各个层面的观察并撰写各个层面的观察报告和实习评估报告，每次实习要提交实习日志等；这次实习督导，我也学得了作为实习督导者在实习初期如何与实习学生建立专业的督导关系，如何督导实习学生做什么，学到了实习督导可以采用网络、电话和实地相结合的多元的方式督导，督导者可以跨越时空、地域和文化，我更加明确了督导者要有督导的目标，在当时主要督导目标是帮助受督导者提升专业能力；同时，在督导的过程中让你的实习机构（场域）“专业化着”，因为在当时中国的专业社会工作还没有正式开展，实习机构是非专业性的机构。

第二次的“实战实习”督导，让我实战了如何开展个案、小组和社区工作，实战了如何与当地政府、居委会、学校和服务对象等相关各方建立

专业关系，实战了如何为特殊服务对象（单亲和工读学校学生）提供服务，实战了如何进行团队作战等。通过实战和督导老师的督导，我学得了专业方法，提升了专业能力，尤其是运用个案、小组和社区工作三大直接方法开展专业服务的能力。与此同时，我也在被督导的过程中学习到了正规的标准的督导方式和技巧，即个别督导和小组督导以及网络督导的方式；学会了在实习教学实战阶段作为一个督导者应该督导什么内容，明确了不同的实习阶段有不同的督导内容；也明白了作为督导者与受督导者之间会出现矛盾和冲突，而这些矛盾和冲突或基于权威、文化、性格和年龄差异，或基于督导者对成人教育和义务教育差异性的把持不足等；也明白了团体作战实习能延伸和发展出“同辈督导”“同辈支持”，尤其是情感支持；学会了在当时几乎是人人不知社工为何物的情境下，督导老师如何带领实习学生扮演“推销员”的角色推销自己的社工专业；明白了“严师出高徒”，即“严督导者出高受督导者”的道理。

第三次督导我接受的是主讲《社区工作》老师的督导，在老师的督导过程中，我学到更多的是如何去认识社区，如何去思考不同境遇下（未来内地）社会工作的发展；督导过程中学到了如何做一个以“受督导者为本”的督导者，做一个灵动的“权变”的督导者，一个能创造轻松、快乐督导氛围的督导者，一个能和受督导者平等、和平共处的督导者，一个建构朋友、伙伴式督导关系的督导者。

总之，在 MSW 专业教育和实战受训的过程中，我开始接受专业督导，我开始明白什么是专业督导？专业督导的目标是什么？专业督导的内容是什么？督导的方式和方法是什么？在哪里去实施督导？专业督导的过程是什么？专业督导需在哪里督导？在什么情况下什么时候去督导？有效的督导者是什么样子？应该是什么样子？我开始明白督导与受督导者之间也会有冲突和矛盾，开始思考督导者要根据受督导者的情况“因材施教（督导）”，开始思考在非专业的境遇下，用“专业”的“实习导引”要求学生去做，学生会有多么的“别扭（不知所措）”？才开始思考不同的文化、语境、体制、制度以及不同的社会工作发展程度下督导者和受督导者如何建立专业关系，如何在共识、共融的基础上，共成长、共发展。至此，我慢慢地喜欢上了督导，并梦想成为一个真正的专业的社会工作督导者。

三、督导助教中继续发展督导能力

在被督导的过程中经历着、体验着、感受着、学习着督导。在责任和义务的驱使下，我踏上了助教他人，同时继续学习督导知识，提升督导能力之旅。

2002年，香港理工大学MSW课程在第一届学生中招实习督导助教，以帮助实习督导老师督导第二届的学生。因为作为第一届学生的责任和义务，因为对督导的兴趣和意愿，因为要继续丰富和发展督导能力的目的，因为要成长为一名真正的专业督导的梦想，我报名做了香港理工大学霍小玲老师在云南实习基地督导实习学生的助教。在我写的一篇没有发表的《经验分享与反思：专业化的社会工作实习督导教育》（以下简称经验）文章中，我记录了当时选择做实习督导助教的心境和情境：信念、支持与一群人的路——个人的意愿，女儿的鼓励，丈夫的支持，成就了我的云南之行，成就了我的实习督导助教的经历，也成就了我的实习督导的学习之路。收到理工大学关于报名参与实习督导助教的邮件，我个人主观的参与意愿非常地强烈，原因是：相对于社会工作的实习教育，我认识到实习督导助教的工作有非常重要的意义、价值与功能；相对于理工大学，我有了一次作贡献的机会；相对于我自己，又增加了一次与大家一起继续学习知识与提高能力的机会，因为在过往理工大学实习学习的生涯里，我一直是一个受督导者，而这次的机会是协助督导去督导和帮助他人，是一个督导者的角色，我认识到这是一个学习新知识，验证、反思和提升过往所学之绝好的机会，换句话说这是一个助人自助的机会。但是，当时我面临一个客观的问题，即丈夫在香港工作，女儿没人照顾，在这种情况下，我需要征求他们的意见，记得当时的对话情境是："女儿，我要到云南去做实习督导助教，要离开家8周，你可能需要外婆来照顾，你能行吗，你愿意让我去吗?"女儿听了我的说明之后的第一反应是："妈妈，您去吧，这可是您的最后一次机会，您走吧，我能照顾好我自己。”女儿简单的一句话，打消了我的顾虑，坚定了我报名参与实习督导助教的信念。之后，我又打电话给我的先生，他如同女儿的回答一样，鼓励我去参与。有了个人强烈的意愿，再加上家人的理解与支持，我对香港理工大学的回应是积极而坚定的。记得当时我在邮件里的回应是：为了不辜负理工大学的培养，为了个人的成长，为了社会工作教育的发展，为了社会工作的发展，我愿意参与实习督导助教的工作。之后，我去了云南昆明做霍小玲老师的实习督导助教，我们这个团队里的学生是高万红、何昕、矫杨、童敏，我们的实习机构是云南昆明精神病医院，我们的工作对象是：医生、病人与病人家属等。

在助教的过程中，我扮演了两个主要角色，即助教者和督导学习者。助教者是香港理工大学要求的，而督导学习者，则是自己要成长为一个督导者的理想和需求使然。在实习督导助教的过程中，我主要学习了霍小玲老师作为一个有效督导者的爱国、爱专业和培养内地社工人才并同步推动内地专业社工发展的精神，她的那种带着两个孩子工作的场景与精神感动和感染了我。还是在文章中，我写道：“到了云南之后，我首先被一种行为、一种精神、一种力量感动着。我们的团队严格来说还包括两个小朋友，那就是霍小玲老师的一对可爱的儿女，他们那活跃、聪颖、懂事而又讨人爱的形象直到现在也会不时地出现在我的脑海中，而霍老师带着子女工作的精神也始终感动着我。”我曾在我的助教日记本上这样写道：“妈妈督导，一种精神和境界!”我明白，社会工作教育和专业社会工作的发展，是“一群人”的工作，其中不仅有教育工作者自身的身影，也有与之相关的整个系统中“他”者的身影，或者说是“编外”社工的身影（这当然也包括我的家人），是“一群人”在共同走这条道路，共同在成就这番事业。而在这一群人当中，我们更应该感动和记住我们身后那些“他”者的容貌，听到那些“他”者支持与鼓励的声音，看到那些“他”者相伴左右的坚定的脚步与其身后留下的串串“编外社工”之脚印。让我们感受到来自他们身上的那种伴你前行的动力。另外，还学习了“温暖的”督导方式，学习了如何做一个善良和智慧的督导者，学习了如何帮助学生采用

“循循善诱”“拨开云雾”式的方法引导学生寻找到实习的目标、对象、内容，学会了将实习督导与研究结合的行动研究的方法，学习了可持续发展专业服务，学习了“三 R（Reword 、Reform、Reflect）”分析工具，学会了如何寻找和定位实习督导助教的角色、功能、责任和作用等。关于这次实习助教的收获，我找到了10 年前的实习督导助教的日志，当时，我是这样写的：首先是无悔的选择；我的获得与反思很多，其中包括“去行政化”的启发与思考、督导的过程与专业化的培训与推动、霍老师的寄语。寻找自己的实务领域与研究领域；第三只眼睛：异域社会工作实务教育、他域社会工作督导在本土工作的限制与优势；星星之火，可以燎原：不息的火焰，播撒专业社工实务督导的种子；未来的路——新的起点、新的起航。

云南实习督导助教令我反思：专业的种子如何能够在督导者的督导下在非专业的场域下“播种”？外来督导者如何能够“播种”成功？如何在督导的督导下令专业实习“去行政化”？实习督导者如何在帮助受督导者情境下同时督导机构的非专业人员，即拓展受督导者，发展专业的场域。外来的督导者都能够在当时的境遇下督导学生完成专业的实习，而本土的“我”也应该怎样做到？另外，在当时的文章里我也有如下的记录：实习工作一定要目标明确，本次实习是在一个合作项目下的实习，所以总目标明确；实习督导是有计划的督导，且每个阶段的目标很明确，而且能够按计划进行。实习督导教学的理念是真正“以学生为本”。实习督导的角色是一个导引者、启发者和使能者的角色，而非说教者和上帝。实习督导的技巧是肯定、鼓励、支持、启发式等，是通过督导过程帮助学生逐步寻找和建构学习、实习、辅导对象等的目标和实习计划，而非专家意志。实习督导的功能传统上是行政、支持和教育，而在本次实习中，笔者发现实习督导的功能已经突破传统，扩展至专业社会工作的推动以及相关各方的成长方面等。相关各方关系的建立在实习期间是非常重要的，实习督导在其中应发挥关键作用，本次实习过程中督导承担了这个角色。

多元的实习督导的功能。前文已提到，实习督导的功能不仅是对实习学生的功能，而且是在督导的过程中，针对相关各方都能发挥功能，故在后现代视角下，实习督导的功能是多元的。

多元和多变的督导关系。不同的对象、不同的处境、不同的实习阶段等有不同的督导关系，如合作伙伴关系、师生关系、平等关系、上下关系等。督导关系是一个相关各方共同建构的过程，建构什么样的督导关系与相关各方的价值观、文化处境等直接相关联。

多元的督导角色。不同的对象、不同的处境、不同的实习阶段有不同的角色扮演与角色承担，作为督导，要具备足够的敏感需要的本能、意识和能力，然后扮演不同需求下的角色。无论扮演何种角色，无论在何种处境下，督导与实习学生总是相伴左右与前后，但非上下高低。

多元和多变的督导方法。督导的方法主要是个案督导与小组督导，个案督导是针对学生的个别化特征、需求和问题进行的督导，形式是个别面谈、现场实战督导、网络督导等。小组督导是一种经济型的、相互支持型的、动力型的、整合型的督导。实习开始时的督导基本是“主题式”的或者是“督导主导型”的督导（工作坊），如进入机构的准备（关于知识、心理、机构状况等）、适应、关系的建立等；中后期的督导基本是“实战状况”的分享型的、互动型的督导。

过程型的实习评估。评估是对实习期间学习经验与实务表现的质与量的一个客观评审。评估的态度要公正、客观而合理；实习学生面对评估的态度应是开放、积极和接纳的。评估是一个不断的、连续的过程。督导的过程是一个不断的评估的过程。评估是一个相互学习的过程。评估的内容是根据专业要求、实习目标、实习工作等而定。评估的终极目标是帮助学生在社会工作专业上继续成长。

寻找和建构属于自己的督导风格。督导的风格有专家式、权威式、保姆式、学生为本式、参与式、能力建设型、后现代视角式……作为一个实习督导要寻找和建构属于自己的督导风格，选择督导的切入点，当然建构属于自己的督导风格并不意味着就只有一种风格，不管何种处境就运用一种督导方式，后现代视角下，督导可以有自己的风格，但是面对不同的对象、不同的情况需要运用不同的督导方式。

经历后写给督导：一路同行。督导要与学生一起参与实习的过程之中，走进实习的场域，走进服务的群体，与他们一同感受，一同成长，警惕掉入“坐而论道”“纸上谈兵”的陷阱，关于这点尤其需要内地实习督导警觉。

督导的苦与乐。督导的过程可以用这几个字概括：“苦并快乐着。”督导要投入，享受督导的过程，体验督导的乐趣。督导要学会欣赏。督导要以学生为本，学会从学生的角度出发，在学生的视角下先去欣赏他们自己对需求和问题的发现与分析、定位和介入，等等，然后给以督导，帮助学生确定方向、目标、服务对象、问题、焦点、介入等。督导不是自己去做，不是为学生代劳，而是通过科学与艺术，激发学生学习、服务和研究的兴趣、动力、方向，让学生学会自己去做。督导要具有可持续性发展理念，不只是为实习而实习，督导教育的目的是为了社工教育的发展，为中国内地专业社会工作的发展。督导的过程也是自己成长的过程，是学习、提高与反思专业和本土化的过程；督导的过程是一个整合、反思和实务理论提升的研究过程；中国内地非专业处境中，督导的过程是一个增加专业社会认同的过程，进一步来讲，督导的过程（实习过程），实际上是一个发展专业社工的过程；督导的过程是一个支持网络建立的过程；督导的过程既是科学，亦是艺术的过程；督导的过程是生命影响生命的过程。督导要具备丰富的实务经验与多元的知识，具备综合素质和能力，督导不仅要知道自己如何做，更重要的是知道如何教导学生去做。

最后的话：借用霍老师的寄语以共勉：行生命之路，认识真实的生活；行爱和奉献之路，在家庭、在社会；行完善之路，认识真实的自己！感谢香港理工大学给我这次学习与经历的机会！感谢霍小玲老师给予我的一切！感谢给予我支持以及伴我同行的所有人！（2005 年 1 月 16 日）

MSW 被督导的过程，实习督导助教的“助”与“学”的过程，让我逐步学会了如何去做实习督导。

四、项目实施中发展了项目督导能力

2002 年，我与香港理工大学应用社会科学系丁惠芳博士在济南舜耕办事处的阳光舜城社区开展“资产为本”的社区发展项目，这是我第一次跟随导师做项目，也是第一次体验和经历导师如何去督导项目。在这个近3年的项目中，丁博士督导的方式是网络、电话和定期到济南进行面对面督导；她的督导内容包括项目计划书的撰写、项目场域的选择、项目目标的确立、项目合作方关系的建立、项目机制的建立、项目资产的评估和发掘、项目目标对象的发展、项目理论与实践的结合、项目资源的整合、项目的实施和成效评估；项目专家团队的建设；项目执行者能力的建设；相关各方支持网络的建设；项目宣传；项目研究；项目场域发展成专业实习场域；非专业境遇下专业服务的播种、生根、发芽、结果、示范等。丁博士与我和一线员工建立了朋友式的督导关系；丁博士督导权威的出现，什么时候出现，什么场合出现，什么内容上出现，等等。项目结束了，我从丁博士那里、从项目执行过程中学会了如何进行项目督导，换句话说，我具有了项目督导的经验和能力，而这些经历、体验和经验，为我后来的项目督导奠定了基础。

五、社会工作服务机构督导者

2007年10月，在做专业服务项目的基础上，我和社工同人成立了全国较早、山东省首家社会工作服务中心——济南基爱社会工作服务中心，我是副理事长之一，同时也是机构总督导。我督导的方式包括面对面、一对一、小组督导，以及电话和网络督导等；我督导的对象包括一线员工、项目主任、机构执行总干事；我督导的内容包括机构战略发展方向和可持续发展、制度建设、队伍和人才发展建设、资金筹集、动员和利用、激励机制和运作机制、内外关系建设、形象塑造和媒体宣传、服务定位、特色、引领、示范、创新和竞争力；一线员工的委身、价值观以及行政能力、专业能力建设、情绪支持等；项目主任的角色认识和定位、角色职责的履行、对项目的整体管理、运行和推动、对一线员工的带领和关系建立、上下关系的处理和信息沟通、对项目的宣传等；对执行总干事的督导内容主要是角色的定位、对机构决策的执行、如何去带领项目主任（也包括一线员工）实施机构的决策和项目完成、如何去带好机构队伍、如何发展对外关系和如何用公共媒体尤其是自媒体作宣传等。

总之，机构督导者的督导是分层级的，不同层级督导对象不同、督导内容也不同，督导方式方法也有差异。一线员工主要用小组形式和现场督导形式，项目主任主要采用面对面的小组形式，而执行总干事主要是面对面、一对一的督导和电话督导形式。

2007 年至今，我学会并实施了对社会工作服务机构的督导。由我督导的机构员工有的成长为民政部十大社工人物、“齐鲁和谐使者”等，有的成长为新机构的理事长和理事，还有的成长为省内年轻的社工专家等。

六、区域社会工作督导者和督导组织者

2011 年 10 月，济南市民政局为了推动社会工作人才队伍建设，提升社会工作服务水平，由济南市社会工作协会负责，成立了济南市社会工作督导小组，我任督导小组组长。在启动仪式上，我作为督导团队代表做了发言，我说：为了我们共同的社会工作事业和理想，为了服务对象、为了相关各方的期望、信任和嘱托而前行！是的，这时，我的理想不只是做一个实习督导者、一个项目督导者、一个机构督导者，而是一个区域的督导者，一个督导团队的带领者。我的理想目标是通过督导，推动济南市社会工作服务的发展，推动济南市社工人才队伍的建设，推动济南市社会工作服务水平的提升。我的督导内容：一是督导项目的发展；二是督导一线员工的专业能力提升；三是督导地方社会工作政策的发展；四是带领整个督导团队取得督导的成效和成果；五是培养一支年轻的督导队伍；六是建构本土化社会工作督导模式等。至 2016 年，通过督导团队的共同努力，济南市一线社工有的成长为项目主任、机构执行总干事、机构督导者，有的成长为市级优秀社工、省级“齐鲁和谐使者”；济南市的社会工作也由岗位社工发展为项目社工等。

2016 年 10 月，我和社工同人发起成立了山东省社会创新与发展研究中心，我做理事长，中心目标之一是为山东省的社会组织和政府提供督导、评估和培训服务。通过这些服务，促进山东省社会工作服务机构和社会工作服务队伍的发展，提升社会组织的服务能力。我个人的目标是站在一个更高的层面为社会提供服务，其中包括督导服务。

七、责任和使命的确立

六年读博之路令我真正确立了中国社会工作督导事业的发展是我人生的责任、义务和使命。在教学与实务发展的道路上，我发现自己的研究能力还不够，自己的督导知识还需发展和丰富，自己还有一定的时间、精力和能力，所以我萌生了读博的念头。2005 年，恰逢香港理工大学招收第二届博士研究生，于是我电话了丁惠芳博士。记得，当时丁博士的第一句话是：洪英，你想研究什么？我说我想研究我们在舜耕阳光社区做的资产为本的社区发展项目，而电话那头的丁博士却说：洪英，社会工作教育中的实习课程和课堂上的理论课程同等重要，而在中国内地关于社会工作实习教育的研究却是一个空白，这是一个责任和使命，需要你去完成；而这也是你的优势，因为你在你的学校负责实习教学这么多年，有一定的经验和积累。听了丁博士的这番话，我将我的博士研究方向定位在了中国社会工作实习教育。在读博的过程中，我和丁博士又将研究方向再次聚焦到了中国社会工作实习督导的研究，因为实习督导的研究在当时也是空白，而这个方向对于中国社会工作人才的培养，对社会工作服务品质的保障和服务对象的成长更加重要。通过博士研究方向的确定，从导师的身上我进一步懂得了社会工作教育者和工作者的研究是“责任”，是“使命”！之后，我谨记导师的教导和厚望，读博期间在导师的督导下，努力学习，并完成了中国社会工作实习督导模式的发展这一具有开创性和创新性的研究。记得 6 年后，我在博士论文答辩的过程中，丁博士问过我两句话，第一句是：洪英，博士毕业了，你会将你的博士论文如何处理？出版了，拿来评教授了，是否就够了呢？丁博士叮嘱我：洪英，你要将你的研究成果拿来应用，去影响中国社会工作督导政策。第二句是：洪英，你毕业后，准备干什么？我说丁博士，6 年前你知道了我做了什么！跟你读博这六年，你也看到了我做了什么！6 年后，我仍然会一如既往。博士答辩过程中丁博士的这两句话，一直激励着我在中国社会工作督导发展的道路上永不停息。还记得在答辩的最后，作为答辩委员会主任的徐明心老师送了我几句话，他说：洪英，我希望在未来，一提到中国内地的社会工作督导，就让人想到了山东，想到了山东大学，想到了山东大学的张洪英！老师的嘱托、期望和鞭策，成为我这些年来不断前行的动力。

八、牢记使命，只为中国社会工作督导事业的发展

申请国家社科基金，为中国社会工作督导知识体系建构和标准化建设而战。在完成了《中国社会工作实习督导模式发展》研究之后，我认为中国社会工作实务督导的研究还没有人去做，这个任务也应该需要我去完成。于是 2015 年，我申请了国家社科基金项目，即“中国社会工作实务督导知识体系的建构和标准化建设”课题，期望通过研究，建构中国社会工作实务督导知识体系，发展出中国社会工作实务督导的标准，作为未来指导中国社会工作实务督导发展的依据。目前这个课题的前期准备工作已完成，正在进入分析和撰写研究报告阶段。

发起成立中国社会工作教育协会社会工作督导专委会，为中国社会工作实习督导教育和实务督导发展而战。2016 年 10 月，经过两年多申请和努力，在中国社会工作教育协会南京年会上社会工作督导专委会成立了，督导专委会的成立，确立了我要与团队一起在国家层面上为督导事业发展而努力。督导专委会成立后的第一件事是制订了年度计划和 2017—2020 年行动计划；第二件大事就是在 2016 年 11 月召开了第一次社会工作督导研讨会，这是第一个专门针对社会工作督导发展而进行研讨的会议，本次会议上做了几件重要的事：一是实务督导标准的研讨和框架的形成；二是对

2016年之前的督导研究进行了梳理；三是对2016年之前的督导政策进行了汇总；四是针对社会工作实习督导也进行了研讨。第三件事是2017年8月召开了中国社会工作督导年会，本次年会主要针对中国社会工作督导的教育、实务和研究进行了研讨，同时还组织境内外专家学者举办了一次高水准、高层次的督导培训。第四件事是编写中国社会工作督导系列丛书，当下社会工作督导的书少，且大都是翻译西方的，中国社会工作督导发展已有10年的历史，中国本土化的督导知识需要建构，于是中国社会工作督导专委会与中国社会出版社合作计划出版《社会工作督导系列培训教材》，期望丛书出版后能对中国社会工作督导实务发展提供依据和支持。第五件事是针对刚刚启动的中国社会工作教育协会发起的百校对口扶贫计划的任务和要求，起草了中国社会工作督导专委会扶贫行动计划，这意味着我将与督导专委会的团体会员和个人会员一起加入到国家扶贫行动中。

参与民政部和李嘉诚基金会合作的“大爱之行”全国贫困人群社工服务及能力建设项目，为国家层面社会工作实务督导的发展和社工人才的培育以及社会工作发展而战。2014年6月，大爱之行项目组成立“大爱之行”督导小组，我是11个小组成员之一，我为10个社会工作项目做督导，其中山东8个，北京2个。

为什么要做“大爱之行”的督导？在“大爱之行”中期评估大会发言中我说：一是责任与使命，即推动中国社会工作教育和专业社会工作的发展，“大爱之行”项目督导，是一个实现责任与使命的国家层面的机会和过程。

二是信心与能力，即我有社会工作专业的教育背景，这为“大爱之行”的督导提供理论知识积累和储备。我有社会工作实务经验，我自2002年开始做“资产为本”的跨境项目、“重生行动”国家项目、中加农村妇女能力建设国际项目等；我有7年社会工作服务机构的管理和服务的经验，这些为“大爱之行”项目督导提供了实务经验积累和储备。我有社会工作实务督导的经验，2004年香港理工大学实习督导助教，被督导又督导他人；我在济南社会工作协会做督导多年，我既亲自督导，又负责带督导团队；我在机构做总督导N多年，这些为“大爱之行”的项目督导积累了丰富的督导经验，所以我认为有信心和能力承接这份信任与委托。

三是兴趣和意愿，社会工作督导一直是我喜欢并愿意做的事情。国家层面的“大爱之行”中，我的督导领域包括老年、精神卫生、社区康复、青少年等领域；我的督导的方式主要是小组、个别、网络和电话；我主要的督导对象是项目负责人和参与项目的工作人员；我的督导地点有时是比较正式的办公室，有时又是非正式的火车上等。我的督导模式是“多元动态取向”的社会工作项目督导模式，即多元的社会工作督导价值为督导的基石和灵魂，包括社会工作专业价值（督导者与受督导者—服务者与被服务者）+服务机构价值+社会主义核心价值等。多元的社会工作督导理论为指导，包括社工理论+社工督导模式理论+体验式学习理论+管理理论作为督导理论。多元的项目督导的目标，包括“大爱之行”项目督导的目标（创新和示范；机构能力建设等）+服务提供者（能力建设）+社工人才队伍建设的目标+专业性督导目标（服务提供的专业性）等。多元的督导作用和意义，即对受督导者的作用；对专业发展的作用；对大爱之行项目的作用；过程中对项目办和项目执行者的桥梁作用；通过督导报告，为大爱办公室及时提供项目执行“信息”；对督导者成长的作用。多元的项目督导的预期成效，即受督导者专业服务能力提升；项目管理能力提升；行动研究力的提升；项目任务的完成等。多元的契合项目发展的督导方式，即现场面对面小组和个别督导，为什么选择现场——更加清楚所有项目的情况，在脑子里有一个“图像”，以便于电话和网络督导；通过现场，建立与受督导者的“督导的专业关系”，第一阶段督导时采用；通过现场对受督导者（服务对象）进行“督导的需求评估”；网络和电话督导。多元的督导角色和平等的督导关系，即督导者与受督导者专业角色+朋友角色；平等的合作伙伴关系。多元的动态的督导内容，即专业上“行政、教育、支持”+大爱之行项目本身所涵盖的内容（行动研究、逻辑模式等）+如何宣传+如何运作国家级项目等内容。不同项目、不同的受督导者、不同阶段，其督导内容有所不同；不同项目，服务对象不同，服务目标不同，所采用的理论、方法等会有所不同，督导内容不同；另外，不同项目类型，要求不同，任务不同，所以督导内容也有区别。不同的受督导者，接受过专业训练的、有一定实务经验的受督导者（经验的借鉴、如何经营项目、更加专业化、标准化、行动研究等）+没接受过专业训练，但有实际社会工作经验的（主要督导专业知识）+接受过专业训练，没有实务经验的受督导者（理论与实践的结合和实务经验的传递）等，其督导的内容不同。

有节奏有节拍的督导过程，与“大爱之行”项目对项目督导的阶段要求和任务同步，与所督导项目任务书的阶段目标和任务同步。我督导的程序是：作为督导者在对受督导者督导需求评估的基础上，制订了初步的督导目标和督导计划，然后执行之。督导的行动研究，督导过程本身也是一个行动研究的过程。督导录音。督导录音、督导反馈报告——整理资料、反思；第二阶段督导……为今后研究准备第一手资料。“大爱之行”项目我的督导是具成效的，其中包括专业性提升①；发展战略、方向和动力的明确和提升②；视角和思路的广阔③；实务经验的借鉴④；转变服务策略，

---

① 督导老师在理论性和专业性上给我们的指导，很有帮助，我们会继续遵从督导老师的指导，进行项目实施。张老师运用专业的理论知识和丰富的实务经验，分析项目运作中出现的问题时重点明晰、脉络清楚、深入浅出地解答，为协会示范性品牌项目奠定了基础。提升了我们的社会工作专业技能，培养了我们团结合作的能力，有效保障了项目的顺利实施。

② 督导老师的大视野、大方向和大局观，继续为我们执行项目提供动力和方向。张老师给了很多创新的工作方法和思路，犹如醍醐灌顶，对下一步的工作开展非常有帮助。从实务方法，到项目管理，再到机构发展战略……我们都感受到了全方位的提升。解答了困惑，指明了项目创新的方向；开拓了思路，就挖掘和整合社会和政府资源，保持项目可持续进行了具体指导；结合实际问题，进行了理论指导，提高了社会工作实务的能力；督导老师知识渊博，理论联系实际，指导针对性强，起到了督导引领作用。经过督导老师悉心督导，我们明确了项目下一阶段工作重点，制订了科学合理的计划和可操作性的实施步骤。

③ 督导老师的督导建议从更广阔的视角，帮助我们打开了思路：心理、法律、营养……仔细思考，这些建议都十分宝贵而必要，都是失能老人的需要。而这样的视角和工作方法，更是社工的价值所在。通过专业督导的梳理，我们对自己的工作有了一次全面而系统的阶段性总结。项目框架图的修改，让我们反思了自身对社区资源、项目服务的模糊；社会支持体系的表述，让我们在今后的工作中更加紧密围绕核心；项目手册系列化开发，使我们意识到机构的成长永远和项目的工作相辅相成；学习意识、创新意识的强调，让我们更加感到肩上沉甸甸的使命。

④ 督导老师把自己的实务经验分享和传授给我们，教导我们在工作中如何采用方法和提升技巧，非常实用。

改进服务方式，优化服务活动等。

“大爱之行”的督导是一个承载和履行社会工作专业责任和使命并实现专业理想的过程；是一个培养社会工作专业人才和建构中国社会工作知识体系的过程；是一个推动社会工作专业化和本土化发展的过程；是一个成长他人同时也成长自我的生命影响生命的过程！

参与中国社会工作督导标准的制定，为督导标准化建设而努力。2016年11月开始，我和社工专家学者一起参与了中国社会工作督导标准的建设工作。这也是我的责任、使命之一。

督导培训，为中国督导人才的培养而战。近几年，我除去通过社会工作实务督导，培养社工服务人才之外，还在很多地方通过培训，传递督导知识，培养未来的督导人才。20多年的督导过程，辛苦着、成长着、使命着、奋斗着、快乐着！

我喜欢这个过程！享受这个过程！我爱督导！爱督导事业！

我将不忘初心、牢记使命！继续前行在社会工作督导的路上！